LA NAVAJA MULTIUSOS FINANCIERA

James L. Stoddard, Jr.

info@thefinancialpocketknife.com

Traducido por Yessenia López Pérez

ISBN: 9780578596556

La navaja multiusos financiera es un término metafórico utilizado para describir de manera conceptual las características y beneficios del seguro de vida universal indexado; sin embargo, este no es un producto real o una estrategia específica. El propósito de la analogía de la navaja multiuso financiera es el actuar como una herramienta para educar al público sobre un concepto financiero complicado. Antes de tomar cualquier decisión sobre la idoneidad de dicho producto para sus circunstancias personales, debe consultar con un asesor financiero y otros profesionales, incluyendo, pero no limitados a asesores legales, fiscales, entre otros.

CLAÚSULA DE EXENCIÓN DE RESPONSABILIDAD: se realizó el mayor esfuerzo para proporcionar una información precisa y actualizada sobre el material cubierto. El autor e Incight Strategic Consulting (ISC, por sus siglas en inglés) no son responsables de ningún error, omisión ni de los resultados por el uso de esta información. El acto de comprar cualquier libro, curso o producto financiero no tiene tales garantías. Las ideas, sugerencias, principios generales y conclusiones presentadas están sujetas a las leyes y regulaciones locales, estatales, federales y a las revisiones de estas mismas, y están destinadas únicamente para fines informativos. Toda la información se proporciona sin garantía de integridad, exactitud u oportunidad con respecto a los resultados del uso de esta información, y sin garantía expresas o implícitas, incluyendo, pero no limitado a, garantías de rendimiento, comerciabilidad e idoneidad para un propósito en particular. El uso de esta información es bajo su propio riesgo. Usted asume toda la responsabilidad y el riesgo de pérdida resultante del uso de esta información. El autor y el ISC no serán responsables de ningún daño directo, especial, indirecto, incidental, consecuente o punitivo, o cualquier otro daño, ya sea en una acción basada en un estatuto, contrato, agravio (incluyendo, pero no limitado a, negligencia) o de otra manera, relacionado con el uso de esta información. En ningún caso el autor, ISC o sus sociedades o corporaciones relacionadas, o los socios, agentes o empleados de la ISC serán responsables ante usted o cualquier otra persona por cualquier decisión o acción tomada basándose en la información de este libro o por cualquier daño consecuente, especial o similar, incluso si se les informa de la posibilidad de tales daños. ISC no se dedica a la prestación de servicios legales, de contabilidad u otros servicios profesionales. Si se requiere asesoramiento de contabilidad, financiero, legal o fiscal, se deben buscar los servicios de un profesional competente. Los hechos y la información de este libro se consideran exactos en el momento de su publicación y pueden quedar obsoletos debido a cambios o condiciones del mercado, leyes nuevas o revisadas, u otras circunstancias. Como en todos las suposiciones y ejemplos, los resultados individuales pueden variar en función de una amplia gama de factores específicos de la situación de cada persona. Todos los datos proporcionados en este libro se utilizarán únicamente con fines informativos. Cualquier declaración despectiva percibida en contra de individuos, compañías u organizaciones es involuntaria.

La navaja multiusos financiera desafió y cambió mi manera de pensar sobre las inversiones y a reconciliar la falsa creencia de que la única manera de ser rico es jugar en la bolsa de valores y tener un día de suerte en las operaciones comerciales.

Seth Meisel – Denver, CO

Esperaba aburrirme leyendo sobre temas financieros, pero sabía que debía aprender sobre las finanzas personales. Para mi sorpresa, el libro fue realmente divertido. ¡El autor encontró una manera de explicar las cosas fácilmente mientras mostraba algo de su personalidad!

Kristy Peacock – Seminole, FL

Me sorprendió saber los beneficios que ofrece un IUL. No tenía la más mínima idea que los seguros de vida ofrecen mucho más que sólo pagar un beneficio por causa de muerte, tal como las opciones de inversión y los ahorros impositivos.

Tim Arrington – Canton, GA

¡Este libro es excelente! Cuenta con ideas tanto profesionales como personales para ayudar a educar al público en general.

Steve Jecker – Prospect, KY

¡Yo solo sé que no se nada! Que existe una herramienta financiera que puede hacer tantas cosas.

Ryan Cushman – Cumming, GA

¡Dedicado a las millones de familias excluidas con necesidad de educación financiera!

Agradezco a:

Laura, mi mejor amiga y alma gemela.
Mamá, la persona más fuerte y trabajadora que conozco.
Jim y Sandy Scott, por ser unos modelos de vida asombrosos.
Erik Bigalke, mi hermano leal de heavy metal.
Lisa Pelamati Creswell, una gran amiga. Se te echa de menos.

Tabla de contenido

INTRODUCCIÓN

"Comienza con el fin en mente".

— Stephen Covey

¡S*HHHH!* Es un secreto. No para aquellos dentro del mercado "rico", pero de alguna forma si lo es para nosotros. La primera generación de este producto fue un producto financiero que utilizó Walt Disney para crear su mundo mágico, Ray Kroc al modificar los hábitos alimenticios del mundo con McDonald's y Jacques Penney con su monumental e histórica venta al detal.

- Desde sus comienzos en el 2006 hasta el 2016, las ventas de la industria han aumentado de un 3% a un 21%.
- Mientras que los ricos representan sólo el 10% de la población, estos constituyen casi la mitad de la utilización del mercado. (Reserva Federal, Fed)*
- A medida que las riquezas aumentan también lo hacen sus activos. Mientras que el 16.7% de los hogares menos pudientes son prósperos, el 40.5% de los hogares ricos lo son.

  **Reserva Federal: Menos pudientes equivale a menos de $250,000 dólares en activos*

A pesar de la creciente popularidad y de los notables beneficios que este producto nos proporciona, la gran mayoría de las personas aún no tienen conocimiento sobre este gran secreto. Sin embargo, cualquier persona calificada lo tiene a su disposición, por lo que no debería ser un secreto en lo absoluto, pero ¿por qué lo es?

El origen sobre esta falta de conocimiento se debe a la complejidad de las características que posee el producto. La mayoría de los profesionales financieros no lo comprenden y mucho menos los gurús financieros de la televisión. Aquellos que aprenden sobre él se preguntan si es demasiado bueno para ser cierto y los pocos profesionales que logran comprenderlo, tienen dificultades en impartir dicho conocimiento y son adiestrados para la cacería dentro de las "grandes ligas" en el mercado de los ricos.

Ahora bien, no hay nada malo en ser rico, de hecho, debemos celebrar siempre nuestro éxito personal. Ciertamente, la mayoría de nosotros, nos esforzamos para obtener seguridad financiera, ser rico y contribuir a causas significativas, pero ¿qué pasa con las personas promedio? Si ellos desean las mismas oportunidades, ¿no hace sentido que utilicen los mismos recursos y herramientas que poseen los ricos? ¿No deberían contar con la misma oportunidad de aprendizaje sobre los poderosos conceptos financieros y obtener acceso a asistencia profesional cuando lo requieran?

Lo creas o no, tuve un agente de seguros de vida presuntuoso que opino esto: — Este producto (*La navaja multiusos financiera*) que tratas de impartir no le serviría a la clase media por lo complejo que es. Opinión que traduje como: — Las personas de clase media son demasiado ignorantes para comprender el producto y, por lo tanto, no deberían conocer sobre él. De forma que respondí con una simple pregunta, ¿podría explicarme cómo funciona una aplicación de su teléfono inteligente?; Cuando dijo: — ¡No!, soy un agente, no un programador de computadoras. Lo que realmente me refería es si en realidad él se merece tener un teléfono inteligente si no tiene el conocimiento sobre el producto. Después de todo y, de acuerdo con el razonamiento de nuestro amigo, si no se entiende cómo funciona un artefacto no se debe disfrutar de sus beneficios.

El punto que quiero llevar a cabo es que uno no debe tener un gran entendimiento en programación para disfrutar de los beneficios de un teléfono inteligente, de igual manera, uno no tiene que comprender la ciencia actuarial detrás de un producto financiero para aprovechar sus beneficios. Te garantizo que el aspecto técnico del producto es igual de difícil para todos, como también lo es para nuestro agente arrogante.

La buena noticia es que el propósito de este libro es ayudar a todos (y al agente arrogante de seguros de vida) a comprender como *La navaja multiusos financiera* funciona y los beneficios que proporciona, independientemente de la posición social o el nivel académico de la persona. Sin embargo, si considero que las familias de clase media necesitan más de este producto que cualquier otro grupo demográfico. Después de todo, este grupo es el más vulnerable a los desafíos financieros que se presentan en esta economía moderna de la tecnología y globalización.

Las estadísticas muestran que la brecha entre los ricos y los menos pudientes en los Estados Unidos se mantiene en continuo aumento por las presiones financieras que experimenta la clase media. Creo firmemente que, en los años venideros, la clase media se encontrará en una encrucijada donde solo habrá dos posibilidades: tener dificultades financieras o prosperar en esta nueva economía basado en las decisiones financieras y profesionales que tomen hoy. Ya la idea de unirse a una compañía por 40 años y contar con un plan de jubilación de la compañía es un cuento de hadas. Antes bien, debemos ser más autosuficientes, emprendedores y financieramente astutos.

A pesar de lo que diga cualquier político o la poca atención que prestan los medios de comunicación, no cabe la menor duda que nuestro país, (Estados Unidos), se encuentra en una situación financiera seria. Desde la perspectiva de un nivel macro (economía de EE. UU.), los salarios reales han estado paralizados durante décadas, la división entre clases sociales ha aumentado precipitadamente y la deuda nacional ha alcanzado los $21,5000,000,000,000 ($21.5 billones de dólares) o $61, 000 dólares por cada ciudadano. Lo que equivale a $240, 000 dólares por cada familia de cuatro. Si estudiamos la historia, vemos como las civilizaciones dominantes se derrumban y como las revoluciones ocurren si colapsan sus economías.

Aun así, no vacilamos sobre este problema a medida que continuamos con nuestras vidas cotidianas, en parte, porque nuestra sociedad no comprende la economía, pero principalmente porque estamos enfocados en nuestros propios desafíos de vida y financieros.

A pesar de que nunca ha habido un país más próspero en la historia del mundo, la mayoría de los estadounidenses luchan y afrontan grandes desafíos financieros. A continuación, verás las estadísticas relacionadas con estos desafíos.

La mediana del ingreso familiar en los EE. UU. es de $59,036 dólares, según el Departamento del Trabajo de los EE. UU. (2016), no obstante:

- Hay un alto nivel en deudas
    - La deuda del consumidor equivale a $13 billones de dólares (Fed)
    - La deuda de tarjetas de crédito en los hogares equivale a $8,377 dólares (WalletHub)
    - El consumidor promedio posee 13 obligaciones crediticias (myfico.com)
    - $51 mil millones de dólares en comida rápida debido al uso de tarjetas de débito y crédito (carddata.com)
    - El uso de más de mil millones de tarjetas VISA en todo el mundo donde 450 millones de estas tarjetas son utilizadas en los EE. UU.
    - La tasa promedio de las tarjetas de crédito equivale a un 16.47% (creditcard.com)

  - Contar con 4 tarjetas de crédito por consumidor (Experian)
  - Las declaraciones de bancarrota equivalen a 1,137,978 casos (uscourts.gov, 2016)
- La tasa de ahorros es baja
  - La tasa de ahorros en los EE. UU. fue de 2.4% para el año 2016 a comparación con el 11.1% en el 1985 (Fed)
  - El 53% de los trabajadores tienen menos de $25,000 dólares en ahorros (USA Today)
  - El 50% de las familias durarían un rango de 4 a 6 meses con sus ahorros
  - El 26% de las personas entre las edades de 50 a 54 años y el 14% de las personas entre 65 años o más no disponen de ningún tipo de ahorro
  - 1/3 de las personas entre las edades de 30 a 49 años aún no han comenzado a ahorrar para sus años de jubilación.
  - La mediana en los saldos de cuenta del plan de jubilación para todos los hogares en edad laboral y cerca de la jubilación es de $3,000 y $12, 000 dólares en los EE. UU. (National Institute on Retirement Security, NIRS)
  - Según la Tasa de Ahorro Internacional, la tasa de ahorro en Europa equivale a un 20%, en Japón equivale a un 25% y en China equivale a un 50%.
- La expectativa de vida de los estadounidenses ha aumentado considerablemente por lo que requieren de más dinero
  - La expectativa de vida para el 1900 era de 47 años, en cambio en esta época es de 78 años.
  - Un estadounidense puede pasar de 20 a 30 años en jubilación
- La responsabilidad asumida por las empresas en proveer fondos para el plan de jubilación de los empleados traspasó a ser responsabilidad de cada individuo.
  - Desde el 1985, 80,000 de los 112,000 planes de jubilación han sido rescindidos
  - Seguro Social: Los beneficios comienzan mucho después de la edad original pautada, 65 años. Los problemas de solvencia a largo plazo son cuestionables
- Las dificultades financieras afectan las relaciones matrimoniales
  - EE. UU. lidera la tasa de divorcios en el Occidente (hasta un 50%)
  - La causa principal de los divorcios son las presiones financieras.

- La creencia del "sueño americano" está en decadencia
    - Siete de cada 10 personas creen que cada vez es más difícil vivir en la clase media. Solo la mitad de la población piensa que el "sueño americano" sigue vivo. (Life Insurance and Market Research Association, LIMRA)
    - Siete de cada 10 hogares casados con hijos menores de 18 años podrán cubrir los gastos de manutención por solo algunos meses, si se llegase a dar el caso del fallecimiento de uno de los principales proveedores

Estas estadísticas pintan un panorama sombrío para la familia promedio y resaltan la importancia de la educación financiera y la asistencia profesional. Sin embargo, la mayoría de los profesionales y empresas financieras no les prestan la merecida atención a estas familias. Su comportamiento gregario y su pensamiento rígido los lleva a buscar solo a los clientes más ricos. De igual forma consideran que los segmentos del mercado de la clase media no son rentables y que la mejor manera de servir a estas familias es, si ellos mismos son autosuficientes y se dirigen al sitio web de la empresa para buscar los recursos que necesiten.

No obstante, los estadounidenses desatendidos que si se animan a ser independientes financieramente requieren y desean la ayuda necesaria.

- Los inversionistas que cuentan con ayuda profesional obtienen un rendimiento medio de un 2.93% mayor a los que no cuentan con esa ayuda, neta de comisiones. (AON/Hewitt)
- 1 de cada 4 estadounidenses declaran que no cuentan con protección de seguro de vida. Este número incrementa a un 40% al observar el salario anual de menos de $50,000 dólares generado por los consumidores.
- El 28% declara que no han obtenido un seguro de vida porque nadie se les ha aproximado a platicarles al respecto. (LIMRA, 2016)
- El mercado de la clase media tiene una brecha en la prima anual de $1.4 mil millones de dólares donde los consumidores requieren y desean orientación financiera, pero la industria los hecha hacia un lado.
- Aproximadamente, 1/4 de los hogares con hijos menores de 18 años desean platicar con un agente, pero no buscan de él proactivamente.

Aunque estas ideas pueden parecer desalentadoras, aún hay esperanza. De hecho, hay una gran oportunidad y esperanza para aquellos que aprenden cómo se juega el partido del dinero y asumen la responsabilidad de su propio éxito financiero y de alcanzar sus sueños.

Mi misión al escribir este libro es ayudarte en este esfuerzo significativo. Pienso que TODAS las familias deben ser educadas y expuestas a los conceptos financieros y a sus poderosas herramientas para que logren prosperar en la economía moderna de hoy.

UNA VOCACIÓN

No todos lo descubrimos, pero estamos llamados a una vocación y un propósito para nuestra vida. Para algunos puede ser espiritual. Para otros, puede ser el servir dentro del ámbito médico o convertirse en músico o artista. Pero para la mayoría, puede ser un sueño menos glamoroso o sin reconocimiento público. Para mí, se trata de educar a la "gente común" en asuntos financieros. Verás, me incluyo al decir "gente común" ya que provengo de una familia humilde, criado por una madre soltera (el trabajo más difícil del mundo). Quizás, las constantes dificultades financieras enfrentadas por mi familia incito en mí el deseo de aprender sobre todos los temas financieros posibles.

A pesar de graduarme de la escuela superior, obtener mi Bachillerato en Finanzas y mi maestría, nunca estudié una clase enfocada en el tema de finanzas personales. Tomé cursos de temas peculiares como Astronomía, Francés, Desarrollo Urbano, Política rusa y Voltaire, pero nunca aprendí sobre como adquirir un automóvil, obtener una hipoteca, invertir en el fondo mutuo o poseer un seguro de vida—todos los problemas financieros que cada uno de nosotros debe entender. Irónicamente, todo lo que debemos aprender para mantener nuestra seguridad financiera no se enseña en la escuela.

Esta declaración no es una acusación dirigida hacia los educadores, sino a nuestra cultura en su conjunto. Por lo general, nuestra sociedad no cree que la educación financiera es importante. ¿De qué otra manera puedes explicar que solo hay cuatro estados que le exigen a los estudiantes el completar una serie de clases de finanzas personales como requisito para graduarse de la escuela superior? Como ves, es un tema de suma importancia y que nos afecta a todos por igual, ya que a pesar de ser necesarios en la vida real determinará nuestra calidad de vida, así como la de nuestros hijos y nietos.

En los próximos capítulos, compartiré con ustedes los conocimientos prácticos, financieros y psicológicos que he aprendido durante más de 25 años en el área de servicios financieros. He sido lo suficientemente afortunado, en tener la oportunidad de trabajar de cerca con miles de personas en distintas disciplinas como: directores, gerentes multimillonarios, jefes, presidentes ejecutivos, CEO de seguros de vida, empleados de distribución postal, especialistas de cumplimiento, actuarios, contadores, académicos, procesadores de transacciones, organizaciones de mercadeo, asesores financieros, representantes de servicio al cliente, desarrolladores de productos, directores de TI, mayoristas, estudiantes universitarios y lo más importante, mis propios clientes.

Esta gran experiencia no solo me ha posibilitado el convertirme en un experto en el área de Finanzas, sino que también me ha permitido entender la industria desde todas las perspectivas imaginables. Comprendo los diferentes procesos de pensamiento que existen dentro de los servicios financieros, las teorías sobre cómo invertir y mitigar el riesgo y los mensajes de mercadeo que prevalecen basado en motivos sesgados.

No comparto mi trayectoria para promocionarme o parecer pretensioso, sino que con toda la experiencia y conocimiento que he adquirido a lo largo de los años, me enorgullece afirmar que *La navaja multiusos financiera* es la mejor herramienta para servir a todas las familias con las que me he cruzado y se cruzarán en mi vida.

***La navaja multiusos financiera* no es adecuado para todos... pero declaro inequívocamente, que es una de las herramientas financieras más poderosas que jamás se haya diseñado para ayudar a las familias a construir un fundamento financiero sólido.**

Y aunque resulte que *La navaja multiusos financiera* puede que sea o no una herramienta buena para ti, es un tema del cual debes tener conocimiento y considerar si se ajusta a tus necesidades.

Si no me crees, al final del libro tendrás una oportunidad para desafiar mi declaración. (No lo arruines dirigiéndote allí ahora mismo.)

Como implica el término, el "fundamento financiero" se refiere a los conocimientos básicos de las finanzas, lo que significa que no abarca todo sobre el tema. Soy un gran fanático de los fundamentos. Creo que los partidos de fútbol americano se ganan bloqueando y tacleando, que las A se ganan estudiando en la biblioteca, que los guitarristas sobresalientes conocen sobre el blues de 12 compases, y que se gana el partido financiero al ahorrar sabiamente tú dinero y protegiendo tus bienes. Naturalmente, deseamos más que un simple fundamento y puede que necesitemos más recursos y técnicas para alcanzar nuestros objetivos, pero todas las cosas que valen la pena no suceden sin un fundamento sólido.

Pese a que cada individuo es único de acuerdo con sus objetivos, su horizonte temporal y sus circunstancias, *La navaja multiusos financiera* te beneficiará si:

- ☞ Tienes objetivos y sueños personales que aún no has logrado.
- ☞ Tú futuro es impredecible.
- ☞ Necesitas flexibilidad en tú estrategia de adaptación a los acontecimientos de la vida.
- ☞ Tienes (o tendrás) dependientes económicos.
- ☞ Tienes la necesidad de desarrollar una estrategia financiera a largo plazo.
- ☞ Sientes el deseo de maximizar el rendimiento de tus ahorros, pero te preocupa el riesgo del mercado.
- ☞ Prefieres no continuar pagando una gran cantidad de impuestos.
- ☞ Eres relativamente saludable.
- ☞ Deseas conveniencia.

DESAFÍOS

He experimentado una serie de desafíos mientras platico sobre temas financieros con las personas. En primer lugar, el tema sobre las finanzas personales le parece sumamente tedioso a la mayoría de las personas, hecho que mi esposa me recuerda regularmente. Segundo, los temas financieros pueden ser muy complicados sin importar quien seas, el nivel académico o las experiencias de vida que tengas. En tercer lugar, administrar asuntos financieros requiere de tiempo y compromiso.

Cuando las personas piensan en finanzas personales lo asocian con presupuestos, estrategias financieras, los impuestos, la bolsa de valores e innumerables temas técnicos. A pesar de que hay muchos nerds de finanzas como yo que les entusiasma este tipo de temas y cosas, la mayoría de las personas evitan este tema como si fuera una plaga. Prefirieren una perforación y empaste por causa de una carie que lidiar con estos problemas financieros. A lo largo del libro te darás cuenta de que el aprender sobre finanzas y el divertirse no tienen que ser eventos mutuamente excluyentes. He dado lo mejor de mí para impartir esta información de tal manera que no sentirás la necesidad de saltar de un puente mientras lees el libro-aunque puede tomarte tiempo el acostumbrarte a mi sarcasmo y mis chistes malos.

Lamentablemente, muchas personas nunca son expuestas a los beneficios de *La navaja multiusos financiera* porque se cree que es una herramienta compleja para las personas comunes y corrientes, y aun así estas son las personas a quienes le beneficiaria. No tengo que saber cómo funciona mi automóvil para conducirlo o cómo funciona mi computadora para utilizarla. Pero lo que sí tengo por seguro es "cómo" me "beneficia" a mí y el valor que aporta a mi vida cotidiana. Del mismo modo, uno no tiene que entender los algoritmos actuariales, citar los códigos de los impuestos del Servicio de Rentas Internas (IRS, por sus siglas en inglés) o aplicar las opciones de inversión para saber el beneficio y el valor *La navaja multiusos financiera*.

Las encuestas señalan que las personas, en lugar de aprender tecnicismos solo desean simplicidad.

Cuando se trata de adquirir un seguro de vida, el 83% de los consumidores afirman la gran importancia del factor "fácil de comprender". (LIMRA 2016)

¡Debido a este deseo de simplicidad, el objetivo principal de este libro es hacer de lo "complejo" simple!

Aunque algunas de las características de *La navaja multiusos financiera* pueden ser complejas, las describiré más adelante, mi enfoque se centra en la comprensión "conceptual" de la estrategia. Además, he redactado este libro con el uso metáforas y de forma simple para describir la información técnica en segmentos y así alinearla mejor a los diferentes estilos de aprendizaje.

¡ALERTA NERD!

A lo largo del libro, he añadido este tipo de material suplementario para las distintas preferencias de aprendizaje. Para aquellos de ustedes que desean saber más sobre detalles técnicos de un tema, verán estos recuadros con información adicional sobre el tema en discusión. Para aquellos que consideran que su intelecto es de alto nivel tiene la libertad de saltar estas secciones (aunque les recomiendo a todos que lean estos recuadros). Y para aquellos que se están preguntando: No, el icono no es una caricatura mía, aunque orgullosamente me considero parte nerd.

En la actual "sociedad informática" en la que vivimos hoy día, estamos abrumados por la abundante información bombardeada por los bancos, las aseguradoras, los canales de noticias, los libros, las publicaciones, nuestros familiares y amistades, contadores, abogados y asesores. Curiosamente, todos ellos tienen diferentes teorías de poco consenso sobre la mejor práctica para cada tema. También, la mayoría de nosotros estamos sumamente ocupados criando nuestras familias, asistiendo a la escuela, construyendo una carrera o simplemente viviendo nuestras vidas como para examinar cuidadosamente toda la información y mucho menos monitorear todos nuestros intereses financieros.

Debido a las exigencias de la vida diaria, el libro ha sido diseñado para ser conciso, maximizar la aplicación de la información y minimizar el tiempo y la concentración invertida. Algunos capítulos son breves porque encuentro que añadir información innecesaria, por el simple hecho de ocupar espacio en el libro, es insignificante. Los libros así no son de mi agrado y supongo que tampoco lo es para ti. Como cualquier otra travesía, tú eres responsable de dar el primer paso, así que ¡comencemos!

Nota para los lectores hispanos: en ocasiones podrá encontrarse con el término metafórico utilizado en el título y a lo largo del libro, *La navaja multiusos financiera,* como "The Financial Pocketknife" por su versión en inglés.

CAPÍTULO 1
EL OBJETIVO – DECIR NO A LOS NÚMEROS Y SÍ A VIVIR LA VIDA

"Todos nuestros sueños pueden hacerse realidad, si tenemos el coraje de perseguirlos".

— Walt Disney

Todos tenemos sueños! Algunos de nosotros hemos renunciado a ellos, pero aun así los tenemos y cada uno de ellos es individualmente único. Algunas personas sueñan con ser el presidente de los Estados Unidos o viajar por el espacio, mientras que otros tienen sueños más humildes tales como, ser el orgulloso propietario de una casa, comenzar un negocio o viajar a Roma.

Los sueños son una habilidad exclusivamente humana que nos otorga el poder para vencer obstáculos insuperables. Estas aspiraciones nos motivan a ir más allá de lo que pensamos que somos capaces. Nos permite construir estructuras magníficas, viajar a través del espacio, superar la opresión, encontrar mundos nuevos, descubrir avances médicos, inventar tecnologías nuevas, crear arte impactante y criar a nuestras familias. Nos confiere de valor que no sabíamos que poseíamos y nos da una razón para ser persistentes, incluso cuando parece que el mundo se está derrumbando a nuestro alrededor. Sin sueños y esperanzas, nuestras vidas no tendrían sentido.

Todos tuvimos sueños extraordinarios cuando niños. No existía ningún tipo de restricción. Soñábamos con ser un famoso cantante de rock, una estrella de cine, un atleta profesional, un médico prominente o un astronauta. Nadie, absolutamente nadie dice a sus 10 de años que quiere trabajar en un empleo de 9 a 5, vivir de cheque en cheque, jubilarse a los 65 años, jugar bingo y tener una muerte solitaria mientras duermen.

Pero, a medida que vamos creciendo, ocurre un fenómeno, somos contantemente atacados por los Mata Sueños y lentamente perdemos nuestra esperanza y capacidad de soñar hasta que nos conformamos con una vida de sobrevivencia. Y sin darnos cuenta, terminamos conformes trabajando de 9 a 5 y viviendo nuestras vidas de cheque en cheque. Nuestros sueños ahora con el ganarnos la lotería o esperar con ansias el día de nuestra jubilación.

Recientemente le pedí un consejo a un pastor amigo mío, quién ayuda a familias a lidiar con tragedias y adversidades de todo tipo. Le pregunté sobre que se debe expresar para brindar consuelo a las personas en tiempos de necesidad. Me respondió que nunca hay palabras perfectas, pero lo que constantemente buscan las personas es "esperanza", sea cual sea las circunstancias en las que se encuentren, solo quieren saber o tener la esperanza que todo va a estar bien. Que sus sueños aún pueden ser realidad. Que la vida que ellos imaginaron para sí mismos es todavía posible.

Aunque el enfoque principal del contenido son los temas financieros, la finalidad del libro no es sobre números o estrategias financieras, más bien es sobre la realización de tus sueños. En la industria financiera es muy popular la estrategia de calcular un número mágico para las personas como guía para su jubilación y lograr sus objetivos. Una vez se alcance el número, supuestamente la persona estará bien establecida en su vida. Estoy de acuerdo con la importancia de dichos cálculos, pero pienso que orientar nuestra vida alrededor de números nos hace perder de vista lo que realmente es importante en la vida y el propósito de ella. Los sueños y las finanzas personales son dependientes del uno al otro, pero hay personas que aun teniendo abundancia son sumamente infelices e insatisfechas con su vida.

El objetivo no es alcanzar un número, el objetivo es vivir una vida plena y que logres tus sueños. Si en lugar de números pensamos en términos de sueños puedes interiorizar y buscar de tú misión a toda costa. Es importante que comprendas este concepto a medida que continuemos con los próximos capítulos, donde te percatarás que muchos de los puntos no son financieros sino pensamientos en cómo ayudarte a derrotar los Mata Sueños y aumentar la probabilidad de alcanzar tus sueños.

Por cierto, si observamos el "número mágico" en términos de una planificación financiera esto es solo una parte de un plan sólido. El plan no considera muchos de los riesgos que estaremos discutiendo, por lo tanto, su práctica es limitada. Adicionalmente, descubrirás que, conforme te enfoques en tus sueños en lugar de los números, estos números incrementarán mientras se expande tú visión. El obtener mayor cantidad de números no es algo perjudicial, solo indica el gran tamaño de tus sueños.

Mientras que las variables para realizar tus sueños son valiosas y no hay ninguna varita mágica para hacerlos realidad o garantizarlas de algún modo, cabe mencionar dos promesas sobre cómo alcanzar tus sueños exitosamente.

En primer lugar, no hay sueño que se realicen sin ningún tipo de sacrificio ya sea sudor, sangre, lágrimas, tiempo dedicado o compromiso financiero. Cuanto más pasa el tiempo, recibo más sabiduría y me he percatado que el ingrediente número uno para el éxito es simplemente el trabajar arduamente. Hay un dicho que dice "El trabajo duro vence al talento cuando el talento no trabaja duro". Concuerdo con esto. Debes comprender, aceptar y planear tus sueños de acuerdo con esta verdad.

La segunda promesa es que TÚ y SOLAMENTE TÚ eres responsable por tus sueños, nadie asumirá la responsabilidad por ti. Esto no significa que no debes recibir ayuda. De hecho, para lograr la mayoría de los sueños se necesita ayuda, pero no te levantaras repentinamente una mañana con tus sueños caídos del cielo.

Debes lograr las cosas por tu cuenta y tener la disciplina para planear y sacrificar lo que sea necesario. Debes continuar, aunque te tropieces con mil piedras en el camino y si es necesario comenzar de nuevo. Debes resistir la negatividad de otros y luchar contra los Mata Sueños. Pero... TÚ tendrás la gran satisfacción de haber vencido todos los obstáculos.

PLANIFICACIÓN DE SUEÑOS

Aunque parezca simple, el primer paso para lograr tus sueños es el definirlos. Hay muchos sueños de las cuales fantaseamos durante el día, pero muy pocas personas toman el tiempo para desarrollar un plan. De hecho, estudios demuestran que la mayoría de las personas pasan más tiempo planeando sus vacaciones que planeando sus sueños. Piénsalo. ¿No es tú vida y tus sueños más importantes que determinar la estadía de un hotel? Incluso se ha comprobado que somos más propensos a cumplir con nuestros sueños si los anotamos y los repasamos con regularidad. ¿Cómo lograrás obtener tus sueños si no defines los objetivos? Comparémoslo con esta analogía, ¿cómo conduces tú automóvil hacia un destino si no sabes dónde se encuentra?

Equilibrio

Hay muchas opiniones sobre la planificación de sueños, pero me suscribo al método del "equilibrio". Este método se representa en los siguientes 6 principios:

- Fe
- Familia
- Amistades
- Finanzas
- Aptitud física
- Diversión

Aunque hay variaciones sobre estos principios, el fundamento de este lo tomé prestado de mi buen amigo, Dave Zillig, quién incorpora estos principios en su programa *Equilibrium (Equilibrio)*. El programa se basa en el balance de estas seis áreas mencionadas para tener una vida plena. El enfoque de una sola área lleva a resultados perjudiciales, ya que el concentrarse en una es a expensas de las otras — lo que a su paso lo saca de "equilibrio".

Me tomé la libertad de añadir el sexto principio "diversión" al programa de Equilibrio e incorporé un componente de costo y tiempo. El principio de "diversión" no implica que no te divertirás con los otros principios antes mencionados, sino que hay ciertos sueños en la vida que el simple propósito es obtener experiencias. Como, por ejemplo, el saltar de un avión o visitar a Australia.

Te exhorto que te tomes el tiempo necesario para hacer el ejercicio de planificación de sueños y créeme lo encontrarás impactante. Consulta el apéndice para dirigirte a la plantilla de planificación de sueños o descarga una copia gratuita desde nuestra página web www.financialpocketknife.com. Ten presente que debes ser lo más específico posible en tú planificación. Define tus sueños de tal manera que estas sean cuantificables y que tenga oportunidad y costo. Hablaremos con más profundidad sobre esto en el Capítulo 12, *Aplicación de los principios financieros.*

CAPÍTULO 2
CONOCE A TUS ADVERSARIOS, LOS MATA SUEÑOS

"Conoce a tu enemigo y conócete a ti mismo y podrás pelear en cien batallas sin un desastre".

— Sun Tzu

Si nuestro objetivo es triunfar en la batalla de nuestra independencia financiera y alcanzar nuestros sueños, debemos saber quiénes son nuestros enemigos. ¡Al mencionar nuestros adversarios me refiero a los Mata Sueños! Después de todo, estos desafíos afectan dramáticamente nuestra habilidad de cumplir con nuestros sueños individuales.

En algunas circunstancias, estos elementos son financieros, pero no siempre es el caso. De hecho, mi experiencia ha sido que los asuntos no relacionados con las finanzas (como, por ejemplo, el aplazar las cosas) son la razón principal por la cual las personas no logran alcanzar sus objetivos.

Por cuestión de simplicidad, he desarrollado el ***Dream Killer Risk Quadrant™*** (DKRQ) o el Cuadrante sobre los Riesgos ocasionados por los Mata Sueños. El DKRQ es una herramienta de referencia visual diseñada para identificar y categorizar fácilmente a los Mata Sueños y para demostrar cuán efectivo es *La navaja multiusos financiera* para combatir cada riesgo.

Se puede categorizar a los Mata Sueños en cuatro cuadrantes:

- Físico
- Financiero
- Ambiental
- Personal

Aunque los cuadrantes no abarcan todos los riesgos de la vida, el DKRQ cubre la mayoría de los riesgos significativos que impiden que las personas y las familias alcancen sus objetivos de vida.

También es imperativo que cada individuo comprenda y administre los riesgos generales de salud e inmobiliario (por ejemplo, a través de seguros médicos, seguros de inmobiliarios y contra accidentes, etc.), aunque estos componentes se encuentren fuera del ámbito de este libro.

A pesar de que la mayoría de los Mata Sueños son evidentes, es importante que definamos cada término individualmente para asegurar consistencia, identificar el alcance de la amenaza y entender completamente el impacto positivo que tiene *La navaja multiusos financiera.*

Los riesgos físicos representan los riesgos en nuestro cuerpo físico que limita su capacidad de generar ingresos y/o pueden crear gastos sustanciales que disminuyen nuestros activos monetarios.

Los riesgos financieros son aquellos riesgos a nivel "micro" (individual) relacionados directamente con los activos monetarios de una persona.

Los riesgos ambientales se refieren a eventos de nivel "macro" en los que uno tiene poco o ningún tipo de control.

Finalmente, los riesgos personales son aquellos riesgos que no están directamente relacionados con asuntos financieros, más bien está relacionado con actitudes y comportamientos personales que crean desafíos financieros (u otros desafíos en la vida).

Es posible que conozcas la definición de muchos de los riesgos presentados en el DKRQ, pero tomémonos un minuto para repasarlos:

CUADRANTE I – RIESGOS FÍSICOS

Fallecimiento

Por más evidente que sea la definición de la palabra fallecimiento, muchas personas (especialmente las personas jóvenes y saludables) no se percatan del gran impacto financiero que este tiene en las familias. En la actualidad, el costo promedio de los servicios funerarios en Norteamérica oscila entre los $7,000 a $10,000 dólares (Parting.com). Una familia no sólo tiene que sufragar los costos del entierro, sino que también renuncia a TODAS las futuras ganancias que él difunto hubiera generado si estuviera vivo. Mientras que la pérdida de ingresos puede ser equivalente a cientos de miles de dólares, aquellos que han atestiguado la devastación que sufren estas familias saben que esto es algo por la que nadie, nunca, debería pasar. Este evento, literalmente, ocasiona una angustia insoportable para una familia que puede tener un efecto dominó durante generaciones.

Enfermedad crítica

Un joven de 25 años no fumador tiene un 24% de probabilidad de adquirir una enfermedad crítica (como cáncer, infarto, o derrame cerebral) antes de cumplir los 65 años. Según la Evaluación Nacional de Riesgos de Enfermedades Críticas (National Critical Illness Risk Assessment) publicado por la Asosiación Americana de Seguros de Enfermedades Críticas (American Association for Critical Illness Insurance) un fumador masculino de la misma edad tiene un 49% de probabilidad de adquirir dicha enfermedad.

"El cáncer, los infartos, y el derrame cerebral son enfermedades que pueden atacar a todas las personas por igual, independientemente de su edad. Es algo en donde la mayoría de nosotros no está emocional o financieramente preparado", explica Jesse Slome, director ejecutivo de la industria de comercio, "Casi dos tercios de las bancarrotas en los Estados Unidos son el resultado de gastos médicos y el 78% de los que se declararon en bancarrota contaban con seguro médico cuando se les diagnosticó la enfermedad por primera vez".

Es de suma importancia que revises la cobertura ofrecida por la compañía que la promueve, pero dependiendo de la compañía, las enfermedades críticas incluyen infarto masivo, bypass de arteria coronaria, derrame cerebral, cáncer invasivo, cáncer hematológico (leucemia, linfoma, mieloma múltiple), trasplante de órgano mayor, insuficiencia renal en su etapa terminal, parálisis, coma, quemadura grave.

Enfermedad crónica

- A partir del 2012, cerca de la mitad de todos los adultos — 117 millones de personas — tenían una o más condiciones de salud crónicas. Uno de cada cuatro adultos tiene dos o más condiciones de salud crónicas.
- En el 2014, siete de las 10 causas principales de fallecimiento fueron debido a enfermedades crónicas. Dos de estas enfermedades crónicas fueron enfermedades cardíacas y cáncer, los cuales, en conjunto, representaron casi el 46% de todas las muertes. (Centros para el Control y la Prevención de Enfermedades, CDC)

La definición y cobertura de las enfermedades crónicas difieren de acuerdo con cada compañía. Pero, típicamente una enfermedad crónica es una enfermedad o condición física que afecta permanentemente al individuo en donde él o ella:

> No es capaz de desempeñar al menos dos de seis actividades regulares en su vida cotidiana (aseo personal, vestirse, evacuar, trasladarse, continencia y alimentarse) sin ningún tipo de asistencia sustancial; o
>
> Requiere supervisión sustancial por parte de otra persona para proteger a un individuo de amenazas en su salud y su seguridad debido a una deficiencia cognitiva, y por el cual el individuo se encuentra en un programa de atención médica, prescrito por un profesional de la salud con licencia.

El costo por este tipo de cuidado puede ser impactante. El costo promedio por una habitación privada es de aproximadamente $97,400 dólares al año y el promedio por la estancia en un hogar para ancianos especializado es de 2.5 años aproximadamente. Si hacemos los cálculos correctamente, significa que en la actualidad una persona que ingresa a un hogar para ancianos podría pagar sobre $243,000 dólares por la duración de su cuidado. Con la inflación (otro Mata Sueños), una estancia de 2.5 años puede costar casi $400,000 dólares dentro de diez años (asumiendo que haya un incremento de un 5% del costo anual, más que la tasa de inflación tradicional). Solo piensa lo mucho que planeaste, ahorraste y sacrificaste para tu familia y tus sueños sólo para encontrar que lo pierdes todo a costa de los gastos de una enfermedad crónica.

Incapacidad

Una incapacidad se define como un impedimento físico o mental que limita sustancialmente una o más actividades importantes de la vida. Una incapacidad puede privar a un individuo de trabajar por un período de tiempo, y en ocasiones, permanentemente. Además, uno tiene mayor probabilidad de sufrir una incapacidad durante su vida que de fallecer prematuramente. Sin embargo, para la mayoría de las personas el seguro de incapacidad no es imprescindible. Para empeorar las cosas, la incapacidad puede ocasionar un doble impacto, ya que los gastos pueden aumentar mientras que los ingresos quedan en el olvido.

- Hoy en día, 1 de cada 4 jóvenes entre los 20 años quedará incapacitado antes de jubilarse.
- Más de 37 millones de estadounidenses están clasificados como incapacitados, cerca del 12% de la población total. Más del 50% de los estadounidenses incapacitados están en edad laboral, de 18 a 64 años.
- A finales de 2012, más del 5% de los trabajadores estadounidenses, 8.8 millones de trabajadores asalariados incapacitados, recibieron beneficios del Seguro de Incapacidad del Seguro Social (SSDI, por sus siglas en inglés).
- En diciembre de 2012, había más de 2.5 millones de trabajadores incapacitados entre los 20, 30 y 40 años que recibían beneficios del SSDI (Council for Disability Awareness).

Longevidad

Recientemente, está ocurriendo un fenómeno de longevidad entre los estadounidenses, situación que debemos tomar en cuenta a la hora de preparar nuestro plan financiero. Es difícil imaginar que, en los 1900, la expectativa de vida era de sólo de 47.3 años y en la década de 1930 (El Seguro Social se fundó en el 1935) era de 58 años para los hombres y 62 años para las mujeres. Hoy en día, la expectativa de vida es de aproximadamente 78 años, por lo que uno puede vivir de 13 a 20 años más después de la edad de jubilación mínima de 65 años.

Las probabilidades de que un hombre de 65 años viva hasta los 90 años es casi uno de cada tres y aproximadamente uno de cada ocho vivará hasta los 95 años, 11 años más que su expectativa de vida. Una mujer de 65 años tiene un 42% de probabilidad de vivir hasta los 90 años y un 21% de probabilidad (más de una de cada cinco) de vivir hasta los 95 años, nueve años más de su expectativa de vida. (Academia Americana de Actuarios, AAA)

Como resultado, existe un gran riesgo de que uno sobreviva más que sus ahorros. Y, para colmo de los males, es improbable que uno tenga la capacidad de trabajar en una edad avanzada para obtener ingresos adicionales.

CUADRANTE II – RIESGOS FINANCIEROS

Inflación

La inflación es la tasa donde incrementa el nivel general de los precios de bienes y servicios, y posteriormente, disminuye el poder adquisitivo. Los bancos centrales intentan detener la inflación junto con la deflación severa en un intento por mantener el crecimiento excesivo de los precios al mínimo. (Investopedia)

¿Alguna vez has escuchado a tus padres o abuelos quejarse de cuánto cuesta algo? Normalmente, dicen algo así, "En los viejos tiempos, la gasolina costaba solo 25 centavos el galón" o "Solía comprar una Coca-Cola por solo diez centavos". Esto puede ser muy irritante hasta que un día te das cuenta de que el viejo o la vieja cascarrabias quejándose eres tú. ¿Realmente eran las cosas tan baratas? Eso depende de cómo se defina barato. Si lo defines por el monto de dinero que necesitas para comprar un artículo, puedes considerarlo barato, pero en realidad no importa cuál sea el precio de algo, sino más bien cuál es el precio en relación con tus ingresos.

Verás, a menudo el viejo o la vieja cascarrabias que se queja del precio de una Coca-Cola no te dice la otra parte de la ecuación, su salario. Si él o ella ganaba un salario de $6,186 dólares en el 1970, entonces gastar 10 centavos en un refresco era el equivalente a gastar $1.50 hoy en día.

Riesgo de mercado

El riesgo de mercado es la posibilidad de que un inversionista experimente pérdidas debido a factores que afectan el rendimiento general de los mercados financieros. El riesgo de mercado, también conocido como "riesgo sistemático", no puede ser eliminado mediante la diversificación, aunque sí puede cubrir contra la misma. (Investopedia)

Muchos de los que hemos hecho inversiones bursátiles durante los últimos 20 años estamos familiarizados con el riesgo de mercado, ya que una gran riqueza fue eliminada en un período de tiempo relativamente corto.

En el 2000, la burbuja puntocom causó que el mercado cayera un 49.1% en 30 meses, mientras que, en el 2007, la explosión de la burbuja inmobiliaria provocó la caída en picada del mercado a un 56.4% en 17 meses. Para aquellos de nosotros que éramos lo suficientemente jóvenes, nos tomó años recuperar nuestras cuentas, pero aquellas personas que estaban jubiladas o cerca de jubilarse se arruinaron financieramente y nunca pudieron recuperarse.

Tributación

La tributación se refiere al acto de una autoridad tributaria de recaudar impuestos. La tributación como término se aplica a todos los tipos de impuestos, desde ingresos y donaciones hasta impuestos de sucesiones. Por lo general se denomina un acto; cualquier ingreso público recaudado se denomina "impuestos".

Como aprenderemos, los impuestos pueden impactar significativamente nuestra calidad de vida. Muchas personas se sorprenden al enterarse de que el día libre de impuestos, el primer día en que todos los estadounidenses pueden trabajar colectivamente para sí mismos en lugar de trabajar para el pago de impuestos, es a finales de abril (este fue el 31% de los ingresos de la nación en el 2015 según el Tax Foundation). Aun así, NO CREERÁS las tasas de impuestos más altas en la historia de los EE. UU. este dato lo cubriremos más adelante. Si gustas, puedes escribir tu suposición en alguna esquina de la página para ver lo cerca que estuviste de adivinar, pero no arruines el suspenso echando un vistazo ahora.

Liquidez

La liquidez es el riesgo derivado de la falta de bursatilidad de una inversión que no se puede comprar o vender lo suficientemente rápido como para prevenir o minimizar una pérdida.

Normalmente, uno piensa que la liquidez no es un desafío, pero este puede ser un gran problema. La liquidez se destacó en la década de los 2000 cuando ocurrió la crisis hipotecaria, ya que las personas tenían cientos de miles (incluso millones) de dólares retenidos en bienes inmuebles que eran ilíquidos. Muchos de nosotros recordamos casas que no podíamos vender y bancos que no realizaban prestaciones para una segunda hipoteca. Si teníamos la oportunidad de vender algo era por una gran pérdida.

Deuda

¡Las deudas son una epidemia en los Estados Unidos! Un consumidor promedio posee 13 obligaciones crediticias, y las deudas de tarjetas de crédito en los hogares promedio es de $8,377 dólares. Como discutiremos, no todas las deudas son perjudiciales, pero las incobrables si ocasionan un impacto negativo. Estas atrapan a las personas dentro de una vida de supervivencia en lugar de prosperidad, tal como un matón callejero intenta persuadir a las personas que consuman su narcótico, así nos persuaden las compañías de tarjetas de crédito con sus tarjetas.

> ***"Las deudas te convierten en esclavo".***
>
> **— Andrew Jackson**

A pesar de esta epidemia, no soy de los que creen que debes estar totalmente libre de deudas. Sostengo mi postura que hay deudas cobrables e incobrables. Esto puede ser controversial y en contra de las predicaciones prevalentes de los gurús de la radio que conozco, pero en los próximos capítulos te explicaré con lujo de detalle por qué tener deudas puede ser beneficioso para ti y cómo *La navaja multiusos financiera* puede ayudarte con este asunto.

¡Lo único que necesitamos saber por ahora es que la deuda incobrable mata los sueños!

Flujo de efectivo

Generalmente, el flujo de efectivo se utiliza como una herramienta de gestión para las empresas. Sin embargo, para nuestros fines, nos referimos al flujo de efectivo personal que incluye:

- Salarios, distribuciones de pensión, interés de cuentas de ahorros, dividendos, ganancias de capital por la venta de valores financieros como acciones y bonos, pagos del seguro social y pensión alimenticia.

El flujo de efectivo también puede incluir el fondo recibido por la venta de activos como casas o automóviles. Básicamente, el flujo de efectivo consiste en cualquier cosa que te provea fondos.

El flujo de efectivo dispone de elementos de otros riesgos, incluyendo la deuda y liquidez, pero su enfoque en ingresos y gastos lo hace distintivo. Habitualmente, este Mata Sueños ocurre debido a los gastos y/o deudas excesivas, pero también puede deberse al subempleo.

CUADRANTE III – RIESGOS AMBIENTALES

Simplemente hay cosas fuera de nuestro control. El riesgo ambiental se refiere a aquellos riesgos en nuestro entorno que son desencadenados por personas y/o eventos ajenos a nosotros mismos. Estos eventos, aunque están fuera de nuestro control, pueden tener un impacto devastador.

Emergencias

No hay muchas garantías en la vida, pero puedes estar seguro de que tendrás alguna emergencia inesperada en tu vida y en el momento menos oportuno.

Definimos riesgo ambiental como eventos no catastróficos que ocurren regularmente y que pueden costar de $1,000 a $5,000 dólares dependiendo de tu nivel de ingreso y de tus circunstancias. Tal vez pierdas un diente y necesitas un injerto óseo que cuesta más de $6,000 dólares que no cubre el seguro dental (sí, este es un ejemplo personal). Tal vez tengas que cerrar tu negocio por una semana por causa de una amenaza de un huracán (¡sí, otro ejemplo personal!) o el motor de tu automóvil decide estallar (te dejare adivinar). Estos eventos pueden crear adversidades imprevistas que te proporcionarán grandes contratiempos para tus objetivos financieros.

Según una encuesta realizada en el 2017 por GOBankingRates, más de la mitad de los estadounidenses (57%) tienen menos de $1,000 dólares en sus cuentas de ahorros.

Asuntos Legales

¿Crees que estas exento a un problema legal? Piénsalo dos veces. Con más de 16,000,000 demandas civiles presentadas en los tribunales estatales cada año y siendo el país con la mayor población de abogados del mundo, tú puedes ser un blanco fácil. Ya sea que ganes la demanda o no, los gastos pueden ser catastróficos. Sólo revisa estas estadísticas por Statistic Brain:

Estadísticas de demandas civiles	Datos
El costo anual por demandas civiles en la economía de los EE. UU.	$239,000,000,000
El costo anual estimado por demandas civiles por cada ciudadano estadounidense	$812
El porcentaje de personas que creen que la publicidad de los abogados sobre lesiones personales animan a las personas a demandar, incluso sin sufrir alguna lesión.	79%
El pago de compensación promedio por demandas por lesiones	$60,000
El porcentaje de demandas por indemnización por daños y perjuicios ganados por el demandante	6%
Cantidad de dinero promedio otorgado en una demanda por indemnización por daños y perjuicios	$50,000

Economía deficiente

El Business Cycle Dating Committee de la Oficina Nacional de Investigación Económica (NBER, por sus siglas en inglés) — grupo que se le ha confiado la tarea de denominar las fechas de inicio y finalización de una recesión — define recesión como "un descenso significativo de la actividad económica extendida por toda la economía, con una duración de más de unos pocos meses". (Investopedia)

Si has tenido la oportunidad de vivir una recesión siendo un adulto empleado, entiendes lo difícil que puede ser. Si eres una de las personas que aún no ha vivido una recesión, no te preocupes, lo harás. Como en el caso de cuando las compañías despiden a las personas a medida que recortan su personal por X o Y razón; una economía deficiente puede conducir al caos. Pero no tienes que ser despedido para que te afecte este tipo de economía. Puedes perder ingresos por la pérdida de bonos o ingresos públicos si eres propietario de un negocio. Puedes perder el valor de tu casa o no ser capaz de venderla. Puedes perder ingresos por alquiler a medida que los inquilinos pierden sus empleos. O, puedes perder valor de mercado en las inversiones de tu jubilación.

Aunque lo que nos viene a la mente al pensar en el término de recesión es una economía deficiente, también hay varios asuntos que pueden causar desafíos en una economía sólida. La inflación puede causar estragos y las tasas de préstamo pueden elevarse rápidamente, entre otros desafíos.

"La recesión es cuando tu vecino pierde su empleo. La depresión es cuando tu pierdes el tuyo".

— Ronald Reagan

Pérdida de empleo

Aunque la pérdida de empleo puede atribuirse a una economía deficiente, de igual forma, puede deberse a muchas otras situaciones. Tu empleo puede ser subcontratado, tu compañía puede trasladarse, las funciones que desempeñas pueden ser automatizadas, o simplemente tienes un nuevo jefe que quiere realizar unos cambios y traer a su propio equipo.

Los sociólogos clasifican la pérdida de empleo como uno de los factores principales de estrés y depresión junto con el fallecimiento de un ser querido y el divorcio. Considerando las estadísticas alarmantes que hemos compartido con respecto a los hábitos de ahorro en los EE. UU., la pérdida de empleo del proveedor principal de la familia puede tener un efecto exponencial y dominó. Como veremos bajo el riesgo de divorcio, cabe la posibilidad que pierdas tu casa, los beneficios de tu empleo e incluso tu matrimonio.

CUADRANTE IV – RIESGOS PERSONALES

Falta de conocimiento

El no comprender los problemas financieros y la falta de conocimiento sobre lo que no entiendes puede ser perjudicial para los sueños y los objetivos de tu familia. He visto como constantemente las personas cometen errores financieros que se podrían haber evitado con un poco de educación.

Tal vez solicitan un préstamo bajo malos términos, no se aseguran a sí mismos en caso de un evento catastrófico, invierten sus fondos en una inversión sumamente arriesgada o malgastan su dinero en un servicio que no necesitan.

Independientemente de la situación que sea, cuando se trata de finanzas personales, la falta de conocimiento tiene un precio y como resultado puede paralizar tus sueños.

Divorcio

Dependiendo de la manera en que se calcule, el 35 y 50 por ciento de los matrimonios terminan en divorcio. Según Forbes, el costo promedio de un divorcio es entre $15,000 y $30,000 dólares. El divorcio realmente puede ser un Mata Sueños de muchas formas significativas.

Casi la mitad de las familias estadounidenses experimentan un período de escasez después de un divorcio y el 75% de las mujeres que solicitan prestaciones sociales lo hacen por causa de un matrimonio o relación desequilibrada en la que viven con un hombre fuera del matrimonio. (Marripedia)

El divorcio puede ser un tema que comúnmente uno no encontraría en un libro de asuntos financieros, pero debería serlo. No solo destruye emocionalmente a las personas, sino que puede tener un impacto financiero devastador.

Temor

Piensa en un momento de tu vida en el que evitaste hacer algo que querías hacer por temor a lo que pasará. Fíjate, no te pregunte "sí" tuviste una experiencia similar, sino que asumí que ya la tuviste. Todos, como humanos que somos, hemos pasado por esta experiencia, y la mayoría nos lamentamos de no haberlo realizado en algún dado momento. La realidad es que aparte de nuestra mortalidad, para la mayoría de nosotros el temor es nuestro mayor Mata Sueños. No nacemos para vivir con temor, sino que estamos condicionados a ser temerosos. Irónicamente, el temor es una función de obtener información o la falta de ella, y habitualmente es una reacción exagerada a un peligro asumido. Pero una cosa sí es segura, para lograr nuestros sueños debemos luchar contra este Mata Sueños.

Aplazamiento

En mi experiencia profesional, el aplazamiento (la falta de disciplina) puede ser el mayor inhibidor del éxito financiero de una persona. Conozco a muchas personas que continuamente "posponen las cosas para otro día" y en un abrir y cerrar de ojos, han perdido 30 años de ahorros, han fallecido sin seguro de vida, no financiaron un fondo universitario para la matrícula de sus hijos o ni siquiera comenzaron un fondo en caso de emergencias. Lamentablemente, se contactan conmigo cuando es demasiado tarde. Aunque definitivamente les ayudo en todo lo que puedo, desafortunadamente, no puedo resucitar a una persona, reemplazar 30 años de ahorros, o chasquear los dedos y que la matrícula de su hijo este cubierto. Soy solo un asesor financiero, no un mago.

Añadiré a esta categoría la falta de atención. En ocasiones, tomamos cartas en el asunto e implementamos una estrategia, pero no le prestamos atención a los detalles de la estrategia ni la monitoreamos en caso de que ocurran varios desafíos. Esta falta de atención puede ser un gran dolor de cabeza.

Nota: Problemas de salud y pérdida de bienes inmuebles

Cómo se indicó en la introducción, reconozco plenamente que los problemas de salud pueden ser un desafío de suma importancia, al igual que la pérdida de bienes inmuebles (por ejemplo, pérdida total de un automóvil o el incendio de una casa). Estos riesgos no están incluidos en el DKRQ por varias razones. Primero que nada y en la mayoría de las circunstancias, el P&C (seguros inmobiliarios y seguros contra accidentes) y los seguros médicos son coberturas que se requieren por ley y por parte de los prestamistas para disminuir los riesgos. En segundo lugar, los elementos de ambos están cubiertos en otros riesgos identificados como, Enfermedades críticas y crónicas.

Ahora que conocemos a nuestros adversarios y su gran poder para matar nuestros sueños, debemos continuar como nos aconsejó el gran líder de guerra chino Sun Tzu, es hora de ir a luchar por nuestros sueños. Y para ser claros, ¡es una batalla! Y si queremos ganar esta batalla, es mejor que poseamos armas poderosas y entendamos como utilizarlas.

CAPÍTULO 3
ENCERAR, PULIR

"Primero aprender a caminar. Después, aprender a volar. Regla de naturaleza. No mía".

— Mr. Miyagi

En la película "The Karate Kid" (el original, no la versión nueva), el sensei de karate, Mr. Miyagi, instruye a Daniel, su estudiante, a lavar sus automóviles y colocarles cera. Este le indica a Daniel que extienda la cera con su mano derecha y que frotará la cera con su mano izquierda, ambos en movimientos circulares. Entonces repite su pequeño mantra, "Encerar, pulir".

La gran mayoría de nosotros conocemos el resto de la historia. Daniel se frustra con esta tarea, de tal forma que le da una rabieta y se dirige hacia donde se encuentra Mr. Miyagi quejándose de que él debería estar aprendiendo karate no encerando automóviles. A fin de cuentas, aprende que el propósito del movimiento de encerado es para desarrollar memoria muscular de defensa propia y un entrenamiento para bloquear. La gran lección que hay que aprender es que debemos de aprender los conocimientos básicos antes de convertirnos en campeones.

Me sospecho que ya para este punto del libro quieres que se revelen todos los misterios de *La navaja multiusos financiera*, pero perseveré un poco más. Primero, necesitamos repasar algunos conceptos financieros para obtener el mayor beneficio de los capítulos venideros. Si eres un profesional financiero o si te consideras un consumidor avanzado, toma todo el tiempo que sea necesario para repasar este capítulo.

FUNDAMENTOS

Soy un gran fanático del béisbol y he entrenado a equipos desde T-Ball (beisbol infantil) hasta la escuela superior. Una de mis cosas favoritas es ver la Serie Mundial de Pequeñas Ligas. Me fascina ver como los niños juegan por amor al deporte y competir para ser los mejores del mundo.

Aunque siempre apoyo al equipo de Estados Unidos, me encanta ver jugar a los equipos japoneses. Entre el 2000 y 2015, los japoneses han ganado seis Series Mundiales y han sido subcampeones en cuatro ocasiones.

Lo interesante de observar a los niños japoneses es que suelen ser los más pequeños del torneo. No ves a un niño de 12 años, 6 pies y 200 libras lanzado una pelota a más de 70 millas por hora. Lo que ves son niños de 5 pies y 60 libras dominando el torneo. Pese a que son definitivamente talentosos, no son tan grandes o fuertes y tampoco son tan rápidos o atléticos como su competencia. Sin embargo, ganan todo el tiempo. ¿Cómo lo logran? Si lo pensamos bien, en teoría, no debería haber ninguna probabilidad de que esto suceda.

La clave del éxito del equipo de Japón es su dominio de los fundamentos del juego. Ellos comprenden como jugar el partido y cómo desempeñar los conceptos básicos necesarios para ganar. Su entrenamiento se orienta específicamente en el lanzamiento correcto, batear con la postura apropiada, cachar con la técnica adecuada, y, sobre todo, qué hacer con la pelota en todo momento. Como resultado, casi nunca cometen errores y ejecutan su estrategia a la perfección. Debido a estos fundamentos dominan el partido y se DIVIERTEN en el proceso. Cómo dicen, no hay diversión sin fundamentos.

En el béisbol, como en la mayoría de los afanes de la vida, el éxito financiero proviene de la comprensión y el gran desempeño de los fundamentos. Para realmente apreciar los beneficios y el valor de *La navaja multiusos financiera*, primero debes comprender algunos fundamentos de la planeación financiera personal.

Lo que hace de este proceso de aprendizaje abrumador es el simple hecho de contar con tan solo 13,000 términos o más dentro del diccionario financiero de Investopedia, pero en realidad solo necesitamos recordar una simple premisa para el éxito financiero:

Debes ganar tanto dinero como puedas, Y, a toda costa, evitar cualquier tipo de pérdida.

Se que esto no es una revelación tipo Einstein, pero les recalco, el propósito fundamental de este libro es simplificar lo complejo. Claro que el truco de esto es el comprender "cómo". ¿Cómo podemos ganar todo el dinero que podamos? Y ¿cómo podemos evitar perder lo que hemos acumulado?

Indudablemente, la respuesta del "cómo" es complicada, ya que literalmente hay miles de libros en el mundo que profesan cómo hacerlo al abarcar muchas áreas de estudio, teorías y prácticas.

A pesar de la vasta información y opiniones que tenemos a nuestra disposición, no hay ninguna respuesta o práctica perfecta para todos ni una fórmula mágica para garantizar el éxito. Incluso, las personas más exitosas admiten que su éxito se basó en muchos factores diferentes aparte de un poco de suerte.

Aun así, hay algunos cálculos matemáticos para hacer dinero y crear riquezas. Básicamente, el monto de riquezas que uno puede acumular se basa en:

1) El importe de ahorros
2) Los rendimientos de la inversión
3) El período de tiempo

Ahorros

El término "ahorros" se refiere al monto de fondos que un individuo economiza regularmente para ser utilizado en el futuro. Este es el fondo sobrante después de pagar todos los gastos. El desafío para la mayoría de los estadounidenses es el no realizar un buen trabajo cuando se trata de sus ahorros.

¿Qué tipo de persona te consideras? ¿Un ahorrador o un gastador? Te guste o no, eres uno o el otro. En la universidad tuve la oportunidad de trabajar para un hombre exitoso en sus negocios, que tenía un gran axioma sobre cómo crear un negocio, este también aplica en la práctica de ahorros:

Regla 1 – Gana más dinero del que gastas.

Regla 2 – Gasta menos dinero del que ganas.

Es bastante simple, ¿no crees? Pero ¿por qué la mayoría de los estadounidenses no siguen esta regla? La respuesta no tiene nada que ver con razones técnicas financieras, sino con la cultura y el comportamiento. Hoy en día, vivimos en el país más rico del mundo, donde la persona promedio tiene un mayor índice de expectativa de vida que los reyes y reinas de hace 200 años. Y mientras que la brecha salarial en EE. UU. continúa en crecimiento, la típica persona dentro del porcentaje inferior del 5% de la distribución de ingresos estadounidenses sigue siendo más rico que el 68% de los habitantes del mundo. (Forbes)

Aun así, el 2.4% de la tasa de ahorros de EE. UU. es uno de los más bajos en el mundo. Comparemos nuestra tasa de ahorros con la mayor parte del mundo desarrollado:

- En el 2016, la tasa de ahorros de EE. UU. fue de 2.4% vs. el 11.1% para el 1985 (Fed)
- Según la Tasa de Ahorro Internacional, la tasa de ahorro en Europa equivale a un 20%, en Japón equivale a un 25% y en China equivale a un 50%

¡Estos números son impactantes! Nuestro mayor problema nacional puede ser nuestra escasez de ahorros personales y definitivamente el menos mencionado. ¿Qué sucede cuando la "generación de la deuda y el gasto" intenta jubilarse? (Fíjate que dije "intenta" no "quiere".) ¿Qué sucedería si el Seguro Social se vuelve inestable como lo sugieren las estadísticas? ¿Qué crees que hará el gobierno con la tasa impositiva cuando la mayor parte de la nación tenga dificultades con la jubilación?

Dejaré que indagues en estas preguntas por ti mismo, ya que las respuestas podrían ser temas para un libro aparte, pero solo basta decir que el resultado no sería nada agradable (y ten en cuenta que es improbable que los impuestos bajen). Creo que es una decisión sabia el tener tu propio plan de ahorros y acoger la necesidad de ahorrar con un gran sentido de urgencia. ¡El simple hecho es que, si no ahorras, te sentencias a ti mismo y a tu familia a una vida llena de adversidades, donde voluntariamente destruyes tus sueños!

Cuando la mayoría de las personas hablan sobre como incrementar sus ahorros, normalmente se enfocan en desarrollar un presupuesto y encontrar maneras de minimizar los gastos. Aunque esta práctica es absolutamente necesaria, no es la intención de este libro. Hay muchas maneras de reducir los gastos y una variedad extensa de materiales educativos disponibles sobre este tema. No obstante, te diré que la tecnología es tu mejor aliado. En el mundo avanzado en el que vivimos hoy, crear y monitorear un presupuesto no es nada difícil. Hay varias aplicaciones para la web de bajo costo, fáciles de usar y seguras que te permite crear un presupuesto, pagar tus cuentas y monitorear tu progreso. En estos días, no hay excusas para no utilizar una herramienta de presupuestos.

Aunque los gastos son un factor importante, un gran mentor mío solía expresar que los ingresos públicos siempre pueden resolver un mal presupuesto y ocultar los problemas de gastos. Mi desafío para ti es el no asumir que tus ingresos son fijos, sino que consideres diferentes formas de como incrementarlo. Tal vez inviertas en ti mismo al adquirir educación adicional, obtener un segundo empleo o comenzar tu propio negocio por el lado. El punto es que tienes que enfocarte en ambas partes de la ecuación los ingresos y gastos, en lugar de sólo una parte, los gastos.

Ante todo, y sin lugar a duda, debes comprender que el elemento más importante para ahorrar exitosamente es el ingreso personal. A menos que seas independientemente rico o si tienes un flujo de ingresos de un fideicomiso familiar, el ingreso que ganes va a dictar tu capacidad de ahorrar y tu calidad de vida.

En resumidas cuentas, ¡debes ganar dinero Y ahorrarlo!

Rendimientos de inversión

Si alguna vez has trabajado en el ámbito empresarial, lo más probable estés familiarizado con el proceso de evaluación anual y con los aumentos de sueldo. Típicamente, la mayoría de los empleados se decepcionan cuando dedican su tiempo y talento a una compañía, obtienen una evaluación sólida y luego reciben la "buena" noticia que recibirán de un 2 a 3% de aumento en su sueldo el próximo año. Este 2% no es un porcentaje alentador y empeora aún más cuando recibes tu próximo cheque y ves que tuviste que pagar ese 2% en impuestos. Cuando consideramos la inflación, hay una buena posibilidad de que no hayas recibido ningún beneficio más que solo no perder dinero por hacer un buen trabajo.

Más adelante discutiremos la importancia de la inflación, pero por ahora quiero compartir lo valioso que puede ser una pequeña diferencia en el rendimiento y porque un simple aumento del 2% debe animarte, especialmente, en relación con las inversiones.

En el ejemplo a continuación, comparamos el rendimiento de dos hermanas, Hermana A y Hermana B. En esté ejemplo, ambas hermanas invierten $2,400 dólares anuales en una cuenta durante un período de 30 años. La Hermana A gana un 8% de rendimiento mientras que la Hermana B recibe un 6% de rendimiento, o un 2% menos. En la columna izquierda de cada ejemplo, se refleja la contribución anual de los $2,400 dólares mientras que la columna derecha muestra la acumulación de todas las contribuciones más los rendimientos.

La mayoría de las personas se sorprenden de como una pequeña diferencia impacta grandemente la tasa de interés en el total de los rendimientos. Durante un período de 30 años, la Hermana A recibe un 2% más al año que la Hermana B, por lo que acumula $92,506 dólares más. Eso es un 46% más que la Hermana B.

La lección aquí es que los pequeños incrementos pueden hacer una gran diferencia. Pero como extensión a esta lección, debemos comprender dos hechos. Primeramente, cuando se analiza el rendimiento es importante entender el rendimiento nominal frente a la rentabilidad real. Un rendimiento nominal es el monto obtenido antes de cualquier costo directo o implícito mientras que la rentabilidad real es el monto que "realmente" recibes. Por ejemplo, en nuestra situación hipotética del aumento del 2%, mencioné que cabe la posibilidad de que salgas al ras después de la inflación. Piénsalo: si consigues un aumento del 2% pero la inflación (el costo de bienes y servicios) aumenta un 2% realmente no ganaste nada. Tu rendimiento nominal fue de 2%, pero tu rentabilidad real fue de 0%.

¿Sólo un 2% de diferencia?
La tasa de rendimiento si hace la diferencia: 8% vs. 6%

	Sister A @ 8%		**Sister B @ 6%**	
1	2,400	2,592	2,400	2,544
2	2,400	5,391	2,400	5,241
3	2,400	8,415	2,400	8,099
4	2,400	11,680	2,400	11,129
5	2,400	15,206	2,400	14,341
6	2,400	19,015	2,400	17,745
7	2,400	23,128	2,400	21,354
8	2,400	27,570	2,400	25,179
9	2,400	32,368	2,400	29,234
10	2,400	37,549	2,400	33,532
11	2,400	43,145	2,400	38,088
12	2,400	49,189	2,400	42,917
13	2,400	55,716	2,400	48,036
14	2,400	62,765	2,400	53,462
15	2,400	70,378	2,400	59,214
16	2,400	78,601	2,400	65,311
17	2,400	87,481	2,400	71,774
18	2,400	97,071	2,400	78,624
19	2,400	107,429	2,400	85,885
20	2,400	118,615	2,400	93,583
21	2,400	130,696	2,400	101,741
22	2,400	143,744	2,400	110,390
23	2,400	157,835	2,400	119,557
24	2,400	173,054	2,400	129,275
25	2,400	189,491	2,400	139,575
26	2,400	207,242	2,400	150,494
27	2,400	226,413	2,400	162,067
28	2,400	247,118	2,400	174,336
29	2,400	269,480	2,400	187,340
30	2,400	**293,630**	2,400	**201,124**
	72,000		72,000	
	2% Difference in Dollars		92,506	
	2% Difference as a % of Total		46%	

El segundo hecho es que, debido a que los pequeños porcentajes pueden acumularse, debes ser sensible ante los costos de inversión porque, conforme avanza el tiempo, estos pueden llegar a ser significativos. Y aunque a menudo se citan los costos de inversión y los cargos por ventas, veremos más adelante cómo los impuestos y los costos de oportunidad pueden ser mucho más costosos.

Es importante comprender que el rendimiento en las inversiones puede incluir varias cosas como el interés, la apreciación de capital y los dividendos. Los rendimientos en las inversiones pueden ser difíciles de cuantificar porque se reportan de diferentes maneras. Algunos informes pueden incluir o excluir los impuestos o gastos. Para mantener nuestro tema simple, no voy a cubrir todos estos tecnicismos, pero quiero que siempre tengas presente esta idea para que puedas equiparar recursos. Normalmente, cualquier proyección que muestre el rendimiento indicará lo que incluye en letras pequeñas.

Período de tiempo

Claramente, mientras más rendimiento se reciba por su inversión, mayor es el crecimiento de sus fondos. Pero, a menudo, las personas no se percatan que el período de tiempo para el crecimiento de su inversión es mucho más importante que su tasa de rentabilidad real. Esto se debe al interés compuesto. Como Albert Einstein declaró, la fuerza más poderosa dentro del universo es el interés compuesto, como vimos en nuestro ejemplo anterior (comparación entre Hermana A y Hermana B).

Volvamos a nuestra situación hipotética del 8%, aunque la Hermana A invirtió solo $72,000 dólares, ganó $221,630 dólares en rendimientos totales. Y aunque contribuyó solo $2,400 dólares en el último año, ganó $21,750 dólares adicionales en intereses compuestos. He reservado una proyección detallada sobre el interés compuesto para un buen segmento al final del libro, pero creo que entiendes lo que quiero decir con este ejemplo, que el tiempo es increíblemente importante. Debido a esto, el comenzar un plan de ahorros a largo plazo lo antes posible puede ser lo mejor que puedas hacer para acumular tus riquezas.

La regla del 72, un truco ingenioso

La "regla del 72" es una forma simplificada de determinar el tiempo que tardará una inversión en duplicar su valor, dado una tasa de interés anual fijo. Al dividir 72 entre la tasa de rendimiento anual, los inversionistas pueden obtener una estimación aproximada de cuantos años tardará la inversión inicial en duplicarse. Por ejemplo, si invertiste

$100 dólares al 8% anual, te tomaría aproximadamente nueve años para que tu inversión crezca a $200 dólares. (72 ÷ 8 = 9)

Una vez lo obtengas, no lo pierdas

La lección más importante que he aprendido en todos mis años de estudios sobre conceptos financieros altamente técnicos es el evitar perder dinero. De hecho, se le atribuye a Warren Buffet, reconocido como uno de los mejores inversionistas de todos los tiempos (el Michael Jordan de la inversión), este axioma:

> ***"REGLA 1 – NO PIERDAS DINERO***
> ***REGLA 2 – NUNCA OLVIDES LA PRIMERA REGLA".***
>
> **— Warren Buffet**

El postulado de "No perder dinero" es un concepto tan importante porque, matemáticamente hablando, es más importante NO tener un rendimiento negativo que tener uno positivo. Por ejemplo, la mayoría de las personas no comprenden que si perdieran el 50% en una inversión para regresar a su balance original tendrían que recibir el 100% de rendimiento (no el 50%).

¡ALERTA NERD!

Calculemos

1. El valor de la cuenta original equivale a $100 dólares
2. La cuenta pierde el 50%. El valor de la cuenta es de $50 dólares
3. Situación hipotética 1: El 50% de rendimiento del mercado equivale a un valor de $75 dólares en la cuenta nueva
4. Situación hipotética 2: El 100% de rendimiento del mercado equivale a un valor de $100 dólares en la cuenta nueva

	Original	Scenario 1	Scenario 2
Value of Account	$100	$50	$50
Market Gain/Loss	- 50%	50%	100%
New Value	$50	$75	$100

Este ejemplo es solo para fines conceptuales y no pretende mostrar rendimientos del mercado reales o potenciales

Aunque generalmente asociamos la pérdida de dinero con el "riesgo de mercado," la realidad es que la pérdida de inversión es solo una manera de perder dinero. De hecho, si nos fijamos en nuestro *Cuadrante sobre los Riesgos ocasionados por los Mata Sueños*, la mayoría de los Mata Sueños representan maneras de perder dinero. Por ejemplo, los impuestos, la inflación, la pérdida de ingresos debido a una enfermedad crítica y los asuntos legales son solo algunos de los factores que pueden conducir a pérdidas sustanciales. Muchas veces, estas pérdidas pueden ser incluso mayores que cualquier pérdida de valor de mercado.

La práctica de minimizar o eliminar el riesgo se denomina gestión de riesgos. Y aunque se utilicen muchos métodos en la práctica de gestión de riesgos, la herramienta utilizada ampliamente es el seguro. A continuación, veremos cómo los seguros pueden ser utilizados de muchas maneras creativas, incluyendo para el riesgo de mercado, los impuestos y las enfermedades críticas, por nombrar solo unos cuantos.

La evolución de los seguros

Te advierto, esta sección podrá ocasionarte uno que otro bostezo, pero es necesario que conozcas los conceptos básicos de los seguros de vida para maximizar tu comprensión de los temas a discutirse en este libro. Tal como conocemos, el origen de los seguros de vida se remonta a la antigua Roma. Un líder militar romano, Cayo Mario, creó un club de gastos funerarios entre sus tropas, de modo que si uno de los miembros del club fallecería inesperadamente los otros miembros pagarían los gastos funerarios. (ThinkAdvisor)

Con el tiempo, se le añadió el concepto de un componente de ahorros al seguro de vida con la idea de que este ayudaría a crear riquezas e ingresos de jubilación para las familias. Durante años, se utilizó el seguro vida como vehículo principal para acumular riquezas, y como mencione en la Introducción, también fue utilizado por Walt Disney para ayudar a financiar su imperio y por otros icónicos titanes de negocios para capital.

A lo largo de los años, el seguro de vida ha evolucionado para incluir todo tipo de beneficios, más de lo que los romanos hubieran podido imaginar. Como resultado, las aseguradoras de vida ofrecen productos de muchas formas y muchos beneficios diferentes. Debido a esta variedad, los consumidores pueden sentirse abrumados. Sin embargo, estos productos pueden simplificarse al hacer una distinción entre dos tipos de seguro de vida, el seguro de vida a término y el seguro de vida con valor en efectivo.

El seguro de vida "a término" es la forma más simple de los seguros de vida. Como indica su nombre, el seguro de vida a término permanece activo durante un período de tiempo o término en específico. Por ejemplo, puedes comprar una póliza de 30 años con el propósito de proteger al proveedor principal de la familia para una hipoteca a 30 años. Al final del término el contrato y la cobertura cesan.

El seguro de vida "con valor en efectivo" tiene un componente de ahorros (efectivo) adicional al componente de seguro. Lo que significa que no tiene un término fijo, sino que es un seguro "permanente". En otras palabras, no se expira después de un período de tiempo, sino que está diseñado para cubrir al asegurado por el resto de su vida (hasta los 121 años). La mayoría de los distintos productos de seguros de vida caen bajo la categoría de seguros con valor en efectivo.

Pese a que estos vocablos se utilizan de manera intercambiable, los seguros de vida entera y los seguros de vida con valor en efectivo representan diferentes tipos de pólizas. Para efectos del libro, el término "permanente" y "con valor en efectivo" se utilizará de manera intercambiable. Sin embargo, el término "vida entera" no se utilizará de forma intercambiable ya que es un tipo de póliza con valor en efectivo basada en una opción de inversión fija, no en una categoría en sí misma.

Asesor financiero vs. agente financiero

Los profesionales en finanzas siempre crean títulos nuevos para llamarse a sí mismos. Mientras que el término "agente", normalmente se designa para quien solicita un seguro y el "asesor financiero" suele connotar mayor énfasis en las inversiones (y licencias adicionales), utilizaremos los términos de manera intercambiable, ya que ambos profesionales suelen promover los seguros de vida en la planificación financiera.

Fundamento financiero

Al concluir nuestro capítulo sobre los fundamentos financieros, quiero hacer hincapié en la necesidad de crear dicha base financiera. Así como los lanzadores japoneses de las Pequeñas Ligas deben dominar el lanzamiento de rectas para obtener strikes antes de enseñarle como lanzar curvas y sliders, primero necesitamos desarrollar un fundamento financiero sólido antes de enfocarnos en otras herramientas. Recuerda que *La navaja multiusos financiera* es una herramienta para crear este fundamento.

Fundamento: los conocimientos básicos o el trabajo preliminar de cualquier cosa

CAPÍTULO 4
LA NAVAJA MULTIUSOS FINANCIERA®

"Si no puedes explicar algo de forma sencilla, es que no lo has entendido bien".

— Albert Einstein

CONCEPTO ANTES QUE TÉCNICA

En mis años de experiencia como profesor de la universidad he observado que las personas aprenden de diferentes formas. Algunas personas aprenden visualmente, otras se benefician de un enfoque práctico y a otros se les hace provechoso el leer. Sin embargo, un denominador común entre cualquier método es que los adultos típicamente aprenden cualquier material técnico una vez hayan comprendido el tema conceptualmente antes de profundizar en los detalles técnicos. La enseñanza conceptual responde a la pregunta "Por qué" (¿por qué hacemos algo?) antes del "Cómo" (¿cómo lo llevamos a cabo?).

Un gran ejemplo de esta idea conceptual fue cuando McDonald's introdujo el primer sistema de autoservicio en China. Por más que este concepto sea de segunda naturaleza para los estadounidenses, para los chinos el conducir hasta la ventana de un restaurante y obtener comida de ella fue impactante (como lo fue para los estadounidenses en la década de los 50).

El primer día de implementación tuvo un resultado interesante para los ejecutivos de McDonald's, quienes se encontraban en la parte trasera del estacionamiento observando el famoso lanzamiento. Fue aquí donde se percataron de un evento peculiar. Los clientes se alineaban en sus automóviles, ordenaban su comida, realizaban el pago correspondiente y luego recibían su comida. El giro inesperado fue que, en lugar de continuar su rumbo hacia su destino, los clientes estacionaban sus autos y con sus bolsas de comida entraban al restaurante para disfrutar de ella.

En lugar de McDonald's enseñarles a los clientes el "por qué", les enseñó "cómo" navegar por el autoservicio. Nunca explicaron el concepto, adquirir su comida de manera eficiente y rápida para la conveniencia de cada uno y ser capaces de comer en otro lugar. Es difícil comprender plenamente el valor de un producto o servicio sin el "por qué".

En los capítulos venideros, explicaremos los detalles y aspectos técnicos de *La navaja multiusos financiera*, pero en este capítulo quiero que te enfoques solo en el concepto. Quiero que aprendas "por qué" esta herramienta es tan poderosa y su valor subyacente de alto nivel. Una vez comprendas el concepto, podrás comprender mejor los detalles a medida que vayamos avanzando.

LA NAVAJA MULTIUSOS FINANCIERA®

De apostador no tengo nada, pero me atrevo a apostar que tienes una navaja multiusos en tu posesión. De mi parte, esto sería una apuesta bastante segura si se considera que 35.6 millones de hogares poseen una. (Doublebase Mediamark Research & Intelligence) No obstante, lo más probable no has pensado realmente en esta increíble herramienta en gran detalle.

Te podría parecer como una escena del programa de comedia Seinfeld, si le prestas tanta importancia a algo tan simple, pero piénsalo. Si fueses participe en mi programa de supervivencia favorito, "Naked and Afraid", donde estarías solo, en el medio de la jungla y con solo un artículo para ayudarte a sobrevivir por 21 días, ¿podrías pensar en algún otro artículo que una navaja multiusos? ¡Por supuesto que no! Porque no es una simple herramienta, sino una herramienta práctica con muchas funciones. ¡Es una super herramienta! ¿Qué otra herramienta te ayudaría a cazar tu propio alimento, defenderte contra los animales salvajes, hacer un refugio, iniciar una fogata, remover una astilla del pie, crear tu ropa o simplemente comer, por solo nombrar algunas funciones?

Sabemos que el cuchillo es la herramienta principal de una navaja multiusos, pero también puede tener una variedad de herramientas, incluyendo un destornillador, unas pinzas, un sacacorchos, un encendedor, unas tijeras, un descamador, un abrelatas, un tenedor, una lupa, un abridor de botellas, o un palillo de dientes. Incluso, hoy en día algunos tienen dispositivos USB. Al unir todas estas herramientas creas una super herramienta integral y conveniente para acampar, para la vida diaria y, en algunos casos, para la supervivencia.

De igual forma, tenemos distintas necesidades y utilizamos varias herramientas para ayudarnos a sobrevivir y prosperar en nuestra vida financiera. Nos esforzamos para reunir recursos (activos) y protegernos de cualquier tipo de riesgo para sentirnos cómodos y poder sobrevivir en la jungla de la vida diaria. Pero, en lugar de cuchillos y encendedores, utilizamos cuentas de jubilación y seguros. Y, en vez de pinzas y tijeras, podemos utilizar préstamos y cuentas de ahorro.

De acuerdo con las herramientas que utilicemos, cómo en nuestro ejemplo de sobrevivencia en la jungla, estas tendrían un gran efecto en si alcanzamos nuestros objetivos o no.

No obstante, en nuestra vida financiera, a diferencia de nuestro ejemplo anterior, no contamos con un manojo de herramientas combinadas que conforma una super herramienta financiera. En cambio, lo que si tenemos es un préstamo para nuestro automóvil, una cuenta de ahorros para nuestro préstamo de emergencia, un plan 401(k) de nuestro empleo, un fondo mutuo de inversión para la universidad de nuestros hijos. Y para el colmo de los colmos, tenemos todas las herramientas financieras, en diferentes lugares, con diferentes compañías y diferentes representantes.

¿No crees que sería ideal el poder replicar la funcionalidad y el valor que nos provee una navaja multiusos en una herramienta financiera para nuestra supervivencia en el exterior? ¿Y si hubiera una "*navaja multiusos financiera*"? ¿No sería de gran valor el funcionamiento y la conveniencia que brindaría dicha herramienta? ¿En especial, si esta *navaja multiusos financiera* incluye herramientas exclusivas que no pueden ser replicadas por ninguna otra herramienta individual?

¡Sorprendentemente, existe tal herramienta! Para efectos conceptuales, lo llamo *La navaja multiusos financiera*, pero se basa en un producto financiero llamado...

SEGURO DE VIDA UNIVERSAL INDEXADO O,
PARA ABREVIAR, "IUL".

Aunque podrías estar familiarizado con algunos de sus predecesores (seguros de vida entera, seguro de vida universal variable, etc.), el IUL es relativamente nuevo en el mercado. Es lo que muchos consideran una evolución para los seguros de vida. Tomando en consideración que los seguros de vida han existido desde la época de los romanos, se puede imaginar que esta ha sobrellevado una gran cantidad de mejoras a lo largo de los años, de igual forma que ha evolucionado nuestra transportación de montar a caballo a vehículos sin conductor. Como aprenderemos, el Seguro de Vida Universal Indexado ha conservado todas las grandiosas características de los productos de seguros de vida previos, pero ha introducido un nuevo método tecnológico para la gestión de las opciones de inversión.

Ahora, hablemos de un posible problema. Algunas personas se hacen de la vista larga al leer la palabra "seguro de vida" y hacen sus suposiciones. Piensan que ya tienen cobertura, que no necesitan el seguro o sinceramente no quieren pensar sobre esto porque le recuerda a su propia mortalidad. (Estadística rápida: la tasa de mortalidad se ha mantenido el 100% estable durante miles de años, así que todos necesitamos pensar en cómo lidiar con esto por el bien de nuestra familia.) Otros albergan pensamientos negativos sobre el seguro de vida imaginándose a un vendedor odioso acechándolos (una vez tuve que esconderme detrás de unos automóviles en un estacionamiento para evitar encontrarme con uno).

Si eres uno de los lectores que hizo cualquiera de estas suposiciones, pretende ser un científico analizando datos, revisa la información que compartiré contigo y deja ir cualquier idea preconcebida que afecte tu habilidad de analizar objetivamente dicha información en los próximos capítulos. Al finalizar el libro, puedes probar si tus suposiciones fueron correctas (puede que yo sea el vendedor odioso). Pero con suerte y si hago mi trabajo correctamente, encontrarás que el seguro de vida es mucho más de lo que jamás imaginaste. De cualquier manera, valdrá la pena el tiempo que invertirás para aprender nuevos conceptos y evaluar las ventajas basado en los hechos presentados.

Aunque, literalmente, los seguros de vida han existido miles de años, hoy en día,

"El seguro de vida es mucho más que un seguro de vida".

En la actualidad, los seguros de vida pueden proporcionar beneficios y opciones de inversión que ningún otro producto financiero puede ofrecer. Y aunque muchas personas ricas entienden esto, la gran mayoría del público en general no está expuesta a estos conceptos.

Al final de este libro, creo que estarás de acuerdo en lo beneficioso que fue aprender sobre el Seguro de Vida Universal Indexado y habrás reacondicionado tus suposiciones anteriores para pensar en el seguro de vida como lo harías con una navaja multiusos... una herramienta valiosa y multifacética que puede resolver muchos desafíos significativos.

¿Qué importancia tiene un nombre?

Una de las razones por el cual las personas sienten ansiedad al tratar con asuntos financieros es debido a los nombres de los productos y los conceptos. Si yo te pidiera una pastilla de ácido acetilsalicílico, probablemente me mirarías raro y te burlarías de mí. Pero si te digo mi petición en otras palabras y pidiera una aspirina, me responderías, "¿Por qué no dijiste eso antes?".

Habitualmente, las palabras exorbitantes y sofisticadas distraen a las personas de la intención original e impiden una comunicación efectiva. Esto sucede muchas veces en el ámbito médico, legal, informático y financiero donde, a menudo, estos profesionales desarrollan un nuevo idioma y se les olvida como comunicarse con alguien fuera de ese campo. Incluso cuando un término puede parecer simple puede significar otra cosa. Por ejemplo, el término "*bug*", en relación con el ámbito de la tecnología de la información, no significa insecto.

El término "Seguro de Vida Universal Indexado" es uno de esos vocablos que parecen intimidantes, pero si lo desglosamos palabra por palabra se vuelve mucho más fácil. La palabra "indexado" simplemente significa que el componente de ahorros de la póliza está vinculado a un índice bursátil (por ejemplo, Dow, S&P). "Universal" significa que la póliza es flexible en términos de cuántos fondos se ahorran en ella, la frecuencia de los pagos de la prima y cómo se utiliza algunos de sus beneficios. Aunque sé que el término "seguro de vida" se explica por sí mismo, quiero que lo consideres de otra forma.

En mi opinión, la frase "seguro de vida" no refleja con exactitud su beneficio principal. El seguro de vida no te asegura que retendrás tu vida o si morirás de vejez. Más bien, si fallecieras, este asegura que tus ingresos actuales y futuros estén protegidos para el beneficio de tu familia. ¿No podríamos referirnos a seguro de vida como "seguro de ingresos" o "seguro de activos?"

Si combinamos las definiciones de esta terminología podríamos describir el Seguro de Vida Universal Indexado (IUL) como:

Un producto financiero flexible que proporciona un rendimiento de tus ahorros basado en un índice bursátil y protege tus futuros ingresos cuando falleces.

Fíjate en lo que expresa nuestra interpretación anterior "cuando" falleces no "sí" falleces. Esto es porque el IUL es una póliza permanente. Lo que quiero decir por permanente es que la póliza dura toda la vida, independientemente de tu edad. Sí, eso significa que, si falleces a los 100 años, la aseguradora pagará el beneficio por causa de muerte a tu beneficiario.

¡ALERTA NERD!

Una descripción más detallada sobre el Seguro de Vida Universal Indexado (IUL) es:

1. Un tipo de póliza de seguro de vida entera diseñado para durar toda la vida; elimina la incertidumbre de no saber cuándo fallecerás y si tu familia estará protegida financieramente en ese momento.

2. Incluye un componente de ahorros diseñado para acumular activos de una manera eficiente en cuanto a los impuestos, el cual puede ser utilizado para suplementar el plan de pensión, la financiación de fondos educativos, los gastos nupciales o cualquier otra cosa que desees.

3. El término "indexado" significa que el componente de ahorros gana intereses por que está vinculado indirectamente con el desempeño del índice bursátil. Potencialmente, esto te permite una mayor tasa de rendimiento en comparación con las tasas fijas tradicionales, facilita el crecimiento rápido de los activos y te proporcionan protección contra la inflación.

4. El término "universal" significa flexibilidad. Dentro de ciertos parámetros, tu determinas cuanto pagar de prima, la frecuencia de los pagos de ella, cómo omitir las primas por completo, como se invierten tus activos, cuando retirar el dinero, como se pagan los beneficios por causa de muerte y, en algunos casos, hasta puedes cambiar el monto de la cobertura del seguro.

Nota importante:

Pese a que habrá cierta intercambiabilidad entre los términos mencionados, el concepto de *La navaja multiusos financiera* representa mucho más que el Seguro de Vida Universal Indexado. Incluye la elección de características específicas y opciones de financiamiento como se identificará en el libro. A lo largo del libro se utilizará el acrónimo IUL (por sus siglas en inglés) para referirse al Seguro de Vida Universal Indexado.

Como sugiere el dicho, una fotografía vale más que mil palabras, así que utilicemos la siguiente proyección para describir el IUL:

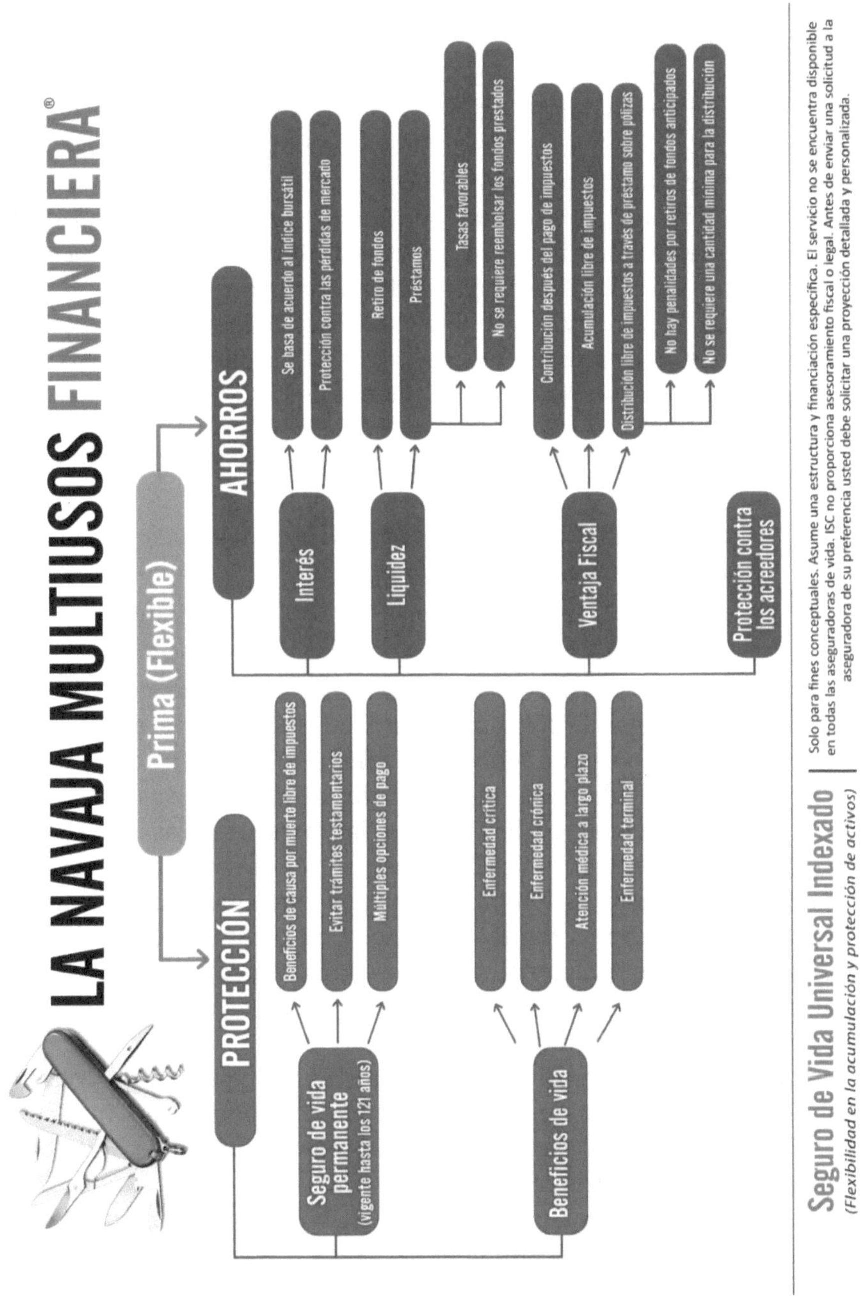

Al examinar la proyección, se visualiza nuestra *Navaja multiusos financiera* con dos funciones principales: protección y ahorros. Más adelante, veremos las herramientas financieras que se utilizan para apoyar cada uno de estos componentes.

Por ahora, solo quiero que utilices la proyección como una representación visual del UIL. A lo largo del libro, discutiremos todas las características subyacentes (beneficios de vida, ventaja fiscal, etc.) detenidamente, también puedes hacer referencia de esta proyección para asimilar mejor la información. Por lo tanto, si eres una de las personas que les gusta utilizar marcadores de libros, este sería una buena página para marcar. También puedes encontrar una copia de la proyección en nuestro sitio web www.thefinancialpocketknife.com

No obstante, hay algunas características en las que quisiera enfatizar que tienen un efecto subyacente en muchos de los beneficios.

PRÉSTAMOS SOBRE PÓLIZAS, EL ARMA SECRETA

"Una de las primeras reglas de la ciencia es, si alguien te entrega un arma secreta es mejor que la utilices".

— Herbert Simon

Así como el lazo es el arma secreta de la Mujer Maravilla, los préstamos en el IUL (y otros tipos de pólizas con valor en efectivo) es el arma secreta financiera que lo aparta de todos los demás. En los capítulos venideros analizaremos detalladamente los beneficios de este rasgo característico. Ten en cuenta que la ley les exige a las aseguradoras el otorgarle préstamos al titular de la póliza basados en el valor en efectivo (ahorros) de la póliza. Te estarás preguntando por qué querrías obtener un préstamo de tus propios fondos otorgado por la compañía de seguro y mucho menos por qué se consideraría un arma secreta. Hay tres razones principales que hacen de la función de préstamo sobre tu póliza uno increíblemente valioso e importante.

Primero, proporciona liquidez al valor en efectivo de tu póliza. A diferencia de los planes de pensión o bienes inmuebles, tus fondos no están guardados bajo llave. Puedes acceder a ellos, en cualquier momento y por cualquier motivo sin restricciones.

En segundo lugar, los préstamos del IUL suelen tener una tasa de interés muy baja. De hecho, muchas veces puedes pedir un préstamo de 0% de tasa de interés y en algunos casos, puedes tener una tasa de interés negativo. En otras palabras, esencialmente, puedes tomar un préstamo que te proporcionará más beneficios que un 0% de tasa de interés. Nuevamente, los aspectos conceptuales y técnicos continuarán.

Por último, pero no menos importante, la razón por el cual los préstamos son tan efectivos es porque las ganancias no son tributables. Legalmente eres capaz de evitar el pago de los impuestos de todos los intereses devengados de tu valor en efectivo.

Y una bomba más, no tienes que saldar tu préstamo de seguro de vida. Sí, leíste correctamente: ¡no tienes que saldar tu préstamo!

Si en este momento no tengo toda tu atención, arrójate un poco de agua en la cara y vuelve a leer esta sección. Parece demasiado bueno para ser cierto, pero no lo es. Las personas ricas comprenden esta herramienta de rabo a cabo y, al finalizar el libro, tú también lo harás.

Flexibilidad

Como se mencionó anteriormente, el IUL tiene una gran flexibilidad en términos de opciones de inversión, pagos de prima y sus beneficios. La flexibilidad en los pagos de prima es particularmente favorable para el titular de la póliza. A diferencia de las pólizas tradicionales de seguros de vida entera o a término y dentro de ciertos parámetros, en el IUL puedes determinar el monto a pagar. El monto mínimo de pago se determina principalmente por tu edad, estado de salud, sexo y suma asegurada. En algunos casos, puedes omitir el pago de primas por completo o pagar un monto adicional para incrementar tus ahorros. Hay tres niveles de financiamiento específicos de las que debes estar al tanto: mínimo, máximo e ideal (o también conocido en inglés como benchmark).

El financiamiento "mínimo" es el monto de pago basado en las suposiciones de las aseguradoras de vida, asignados a una póliza para mantenerla en vigor. Hoy en día, la mayoría de las compañías no garantizan que el monto mínimo mantenga la póliza en vigor y se reservan el derecho de hacer cambios al monto mínimo requerido si no se cumplen con las suposiciones. En primera instancia esto parece un poco retorcido, pero casi nunca ocurre por varias razones, años de experiencia actuarial y las relaciones con los clientes. La realidad es que las compañías de seguro de vida han sufrido enormemente en los últimos 20 años debido a períodos sin precedentes de tasas de intereses bajas y volatilidad en la bolsa de valores. Estas anomalías económicas los han provocado a añadir "ventanillas de emergencia" en sus pólizas y a reservarse el derecho de incrementar la prima requerida en caso de que las determinadas supuestas económicas o empresariales cambien debido a circunstancias imprevistas. Sin embargo, algunas compañías ofrecen una "garantía de seguro sin vencimiento" (NLG, por sus siglas en inglés) que asegura que una póliza permanecerá en vigor si se paga una prima mínima específica. Puede haber un cargo adicional por esta garantía, pero es una opción para considerar si tienes una gran aversión al riesgo.

El financiamiento "máximo" de la prima que puede ser establecida en un IUL está restringida en base a las directrices de los impuestos federales. Al igual que las cuentas individuales de retiro (IRA, por sus siglas en inglés), los planes 401(k) y otros tipos de plan de jubilación, el gobierno federal limita el monto que se puede depositar en una cuenta porque no quiere privarse de las recaudaciones impositivas que se perderían si los montos fueran ilimitados. Sin embargo, a diferencia de otros vehículos de jubilación, el gobierno no tiene una suma fija para los planes de IUL (por ejemplo, el límite de una IRA es igual a $6,000 dólares por año).

En cambio, el límite está restringido sobre una base variable determinada por diferentes tipos de pruebas en las directrices del IRS. Pese a que los detalles de estas pruebas están más allá de la intención de este escrito, el concepto básico es que el gobierno define lo que es un "seguro de vida" y toma la posición de que para que una póliza reciba un tratamiento fiscal favorable debe reunir los requisitos bajo estas definiciones. Debido a estas pruebas, teóricamente uno podría contribuir $100,000 dólares o más al año siempre y cuando el beneficio de tu seguro de vida sea lo suficientemente alto para que la póliza sea catalogada como seguro de vida. Evidentemente, las personas están limitadas al monto de seguro que pueden comprar en base a sus ingresos y activos, por lo que, en efecto, no pueden contribuir cantidades ilimitadas.

¡ALERTA NERD!

Hay tres métodos principales que se utilizan en el IUL para asegurar que tu póliza no pierda la condición fiscal ante ahorros, estas son: un contrato de dotación modificado con pagos adicionales a tiempo limitado (MEC, por sus siglas en inglés), la directriz de las primas y prueba de corredor (GPT, por sus siglas en inglés) y la prueba de acumulación de valor en efectivo (CVAT, por sus siglas en inglés).

Aunque es necesario obtener una prueba MEC para todas las pólizas, cada póliza utiliza la prueba GPT o CVAT, pero nunca ambas. Generalmente, CVAT se reserva para las pólizas tradicionales de seguros de vida entera y el GPT se utiliza para el IUL. Estas pruebas del IRS son muy complejas y están fuera de los fines de este escrito, pero el mensaje que quiero que recibas sobre este tema es que hay un límite máximo que puedes contribuir a tu póliza sin causar consecuencias tributarias negativas (pérdida del aplazamiento del pago en las declaraciones de impuestos y/o la pérdida de exclusión libre de impuestos en el beneficio de muerte para el beneficiario). Debes buscar ayuda de un asesor fiscal y orientarte cómo estos límites pueden afectarte, si es tu caso.

Dado que no se utiliza el CVAT para el IUL, a continuación, se muestra una breve descripción sobre las pruebas GPT y MEC.

Directriz de las primas y prueba de corredor (GPT)

Bajo la ley federal tributaria actual, la póliza se clasificará como seguro de vida solo si: (a) en cualquier momento, el monto de las primas pagadas menos los rescates parciales no excede la directriz mayor de una prima única o la suma de la directriz de una prima nivelada, y (b) en cualquier momento, el beneficio por causa de muerte bajo la póliza no sea menos que el mínimo requerido para que la póliza caiga dentro del corredor de valor en efectivo según prescrito en la sección 7702(d) del Código de Rentas Internas.

Contrato de dotación modificado (MEC)

La Ley de 1988 sobre ingresos y varios (Technical and Miscellaneous Revenue Act of 1988, TAMRA por sus siglas en inglés) es efectiva solo para las pólizas emitidas después del 21 de junio de 1988, categoriza ciertas pólizas como contrato de dotación modificado (MEC). Una póliza de seguro de vida se convierte en un MEC, si durante los primeros siete años de la póliza, las primas pagadas exceden la suma de los pagos adicionales a tiempo limitado anualmente, como se define en la sección 7702A del Código de Rentas Internas.

Si una póliza quebranta esta prueba, retroactivamente puede ser clasificada como MEC al momento en que fue emitida. La prueba de siete pagos es la prima nivelada anual que podría financiar todos los futuros beneficios sin tener en cuenta los cargos y gastos en el curso de siete años bajo la póliza. Todas las distribuciones, como por ejemplo los préstamos, de un MEC pueden estar sujetas a impuestos a medida que haya una ganancia en la póliza. Incluso distribuciones realizadas antes de los 59 años y medio pueden estar sujetos a una penalidad adicional de un 10%. En cualquier momento, los cambios realizados a una póliza afectarán los pagos adicionales a tiempo limitado de TAMRA. Cualquier cambio efectuado en la póliza podría resultar en la reclasificación de esta como MEC retroactivamente a su fecha de emisión. Cambios en los pagos de las primas también podrían resultar que la póliza se clasifique como MEC. Antes de realizar cualquier cambio en su póliza solicítele a su aseguradora que vuelva a calcular los pagos adicionales a tiempo limitado.

Es extremadamente importante que contribuyas una mayor cantidad de fondos a tu póliza que el monto límite. Tu asesor financiero te proporcionará una proyección financiera hipotética que enumerará la suma fija establecida por estos límites. Además, tu contrato de seguro de vida (póliza) también debe incluir esta información.

Típicamente, la aseguradora monitoreará de cerca los límites de un GPT o CVAT en tu nombre y automáticamente deberá restringir contribuciones que violenten la norma. No obstante, debes prestar mucha atención a tu límite de la prueba de los siete pagos, ya que hay casos en los que uno mismo puede permitir que su póliza se convierta en un MEC, y en este caso la aseguradora no estará tan vigilante.

Refiérase al Código de Rentas Internas de Estados Unidos sección 7702 y 7702a/MEC

La prima ideal o prima objetivo (también conocido en inglés como benchmark premium o target premium) es la prima sugerida para financiar la póliza que debe pagarse durante la duración del contrato, de modo que se utilice de la manera para que fue diseñada, crear un componente de ahorro significativo y cubrir los costos del seguro. La mayoría de los clientes Y agentes no se dan cuenta que la prima ideal es solo una sugerencia realizada por parte de la aseguradora que no se requiere seguir. Como ya hemos comentado, solo se debe pagar la prima mínima.

Nota:

Es muy útil comprender como funciona la prima ideal cuando se compara junto con otras pólizas de varias aseguradoras. Una compañía puede tener una prima ideal menor a lo que normalmente se calcula una prima, pero eso no significa que será una póliza menos costosa o de mejor desempeño. Más bien, puede ser una estrategia de mercadeo y/o de distribución.

La verdadera pregunta es, "¿Por qué las aseguradoras utilizan la prima ideal si esta es solo una sugerencia?" Porque la prima ideal es la suma que utilizan las compañías para calcular y presupuestar algunos de sus gastos internos, incluyendo la comisión pagada por la distribución.

Además, típicamente las primas objetivo se utilizan para demonstrar cómo deberían funcionar las pólizas. Por último, es mucho más sencillo comunicar una prima objetiva a los clientes y agentes que tener que explicar todo lo que acabamos de cubrir en esta sección.

Ahora que conoces los distintos tipos de primas, he aquí un ejemplo de cómo puede verse una proyección:

Prima periódica proyectada (máx.):	$276.02 Monthly
Prima mensual garantizada (min.):	$63.05 Monthly
Prima ideal u objetiva (Target Premium):	$94.05 Monthly
Prima ideal u objetiva (Target Premium):	$1,128.60 Annually
Directriz de una prima única (GPT):	$15,756.43
Directriz de una prima nivelada (GPT):	$3,312.39 Annually
Prima de pagos adicionales a tiempo limitado (MEC):	$3,278.63 Annually

Como podemos ver, si esta fuera tu póliza, tendrías la flexibilidad de pagar tan poco como $63.05 dólares mensuales (prima mensual garantizada) o tanto como $276.02 dólares (prima periódica proyectada). Por supuesto, también puedes anualizar los pagos u omitir algunos de ellos siempre y cuando se pague el monto mínimo.

Como nota rápida definamos lo que es el "exceso de fondos". El término se refiere al monto pagado por encima de la cantidad objetiva de la prima de una póliza hasta llegar al monto máximo. Este término se verá a lo largo del libro y no debe confundirse con la contribución de fondos adicionales a la póliza que el IRS permite como se explicó previamente en la Alerta nerd.

Exceso de fondos

Por lo general, la mayoría de los profesionales sugieren que solo pagues la prima. Sin embargo, para maximizar los resultados de una IUL la clave es incrementar el financiamiento de tu póliza. En otras palabras, contribuye todos los fondos que puedas a la póliza sin violar las directrices del IRS. Debes estar pensado, "No, pues claro que la compañía de seguro quiere que le pague la mayor cantidad posible". Pero, más bien esto te beneficia porque puedes reducir el costo relativo de la póliza, aumentar tu valor en efectivo rápidamente, puedes proporcionar mayor liquidez en los años iniciales e incluso puedes prevenir que tu póliza se caduque.

En términos de gastos, mientras más fondos añadas en tu póliza menor será el costo de tu seguro, en cuestión del porcentaje de la prima. Además, dado que varios de los gastos de tu póliza se calculan en base a la cantidad del beneficio por causa de muerte en lugar de la prima, los gastos de la póliza son relativamente menos costosos en relación con una contribución más alta. En otras palabras, te beneficia añadir más fondos en lugar de invertir, lo que los economistas llaman "economías de escala". Sé que esto puede estar al borde de ser categorizado como una Alerta nerd, pero aquí lo importante es conocer conceptualmente que cuando depositas una cantidad mayor de fondos, la póliza funcionará de manera eficiente para ti ya que tienes menos "arrastre de gastos".

Debido a la adición de fondos y al menos arrastre de gastos, el valor de tu dinero en efectivo se acumulará rápidamente que solo contribuyendo el monto de la prima ideal. Esto, a su vez, dará lugar a mayores opciones de liquidez en los años iniciales ya que tendrás acceso a tus fondos a la mayor brevedad posible, porque el efectivo disponible para retiros (o, preferiblemente un préstamo) será mayor que cualquier monto "retenido" por parte de la compañía para cubrir posibles costos por cancelación. Este concepto puede ser confuso en este punto del libro, pero lo entenderás a medida que se explique detalladamente en los capítulos venideros. En este punto, solo recuerda: más contribuciones equivalen a mayor liquidez en años iniciales.

Por último, cuando tienes exceso de fondos en una póliza, las posibilidades de que caduque tu póliza se vuelven casi nula, lo que te asegura que tu póliza permanente verdaderamente sea permanente.

En mi experiencia, si solo se paga el monto mínimo para alcanzar el objetivo de tu póliza, generalmente es mejor reducir el beneficio por causa de muerte de una póliza para financiar al máximo el componente de ahorros y entonces suplementar la cobertura de un seguro de vida adicional con un anexo de seguro temporal o plazo convertible. Una advertencia muy importante, debes asegurarte, ante todo, de tener la cantidad adecuada para que tu seguro cubra tus necesidades.

Reitero, este material es un poco avanzado en este punto, pero es necesario que lo tengas como referencia para discutir todos los conceptos en los siguientes capítulos. Por ahora solo recuerda la premisa, que contribuir la mayor cantidad de fondos a tu póliza es para tu beneficio. Puedes marcar esta página para leerla nuevamente después que culmines con el libro, si así lo deseas.

Valor de acumulación vs. valor de rescate en efectivo

Es importante entender la diferencia entre el valor de acumulación y el valor de rescate en efectivo de una póliza. En los años iniciales, la mayoría de las pólizas están sujetos a un cargo por rescate si son canceladas. Esto permite que el seguro recupere algunos de sus gastos de suscripción y distribución de la póliza. El valor de rescate en efectivo es simplemente la diferencia entre tu valor de acumulación y tu costo de cancelación aplicable según lo define tu póliza. Una vez que tu período de cancelación haya culminado (definido en tu póliza), el valor de acumulación y el valor de rescate en efectivo serán iguales. La comprensión de estos conceptos te serán útiles cuando revises tu proyección personalizada y para discusiones posteriores en el libro. A continuación, te presento las definiciones técnicas de ambos términos:

El valor de acumulación es el componente del valor acumulado de una póliza. Refleja las primas netas recibidas, los retiros efectuados, los gastos y los costos del seguro descontado y los intereses acreditados. Se le conoce en ocasiones valor en efectivo.

El valor de rescate en efectivo es el monto disponible para el titular cuando la póliza es rescindida por una razón que no sea el fallecimiento del asegurado. Esto es igual al valor en efectivo menos los préstamos de la póliza y los intereses acumulados.

Estrategia a largo plazo

El IUL no es un sistema para volverse rico rápidamente o para alguien con una perspectiva a corto plazo. Debes saber y entender que muchas de las técnicas y beneficios que se discuten en este libro son solo para situaciones hipotéticas con perspectiva a largo plazo.

Aplicación de marcas de cotejo y guiones para cada cuadrante

En los próximos capítulos, desglosaremos el DKRQ en sus cuatro componentes y evaluaremos cómo *La navaja multiusos financiera* ataca cada uno de los Mata Sueños. A medida que revisemos cada riesgo, asignaremos uno de los tres resultados que se resaltará en la proyección antes vista. Si el riesgo se elimina o se aminora de forma significativa esta se indicará con una marca de cotejo (✓). Si el riesgo no se elimina, pero de alguna manera es afectado positivamente recibirá una marca de cotejo parcial en forma de guion (-). Por último, si *La navaja multiusos financiera* no afecta un riesgo el apartado permanecerá vacío.

Ahora que comprendemos los conceptos básicos de *La navaja multiusos financiera*, ¡comencemos a vencer los Mata Sueños!

CAPÍTULO 5
CI, ¡PROTEGE ESTA CASA! (RIESGOS FÍSICOS)

"Si alguien no tiene cuidado de los suyos, principalmente de sus familiares, ha renegado de la fe y es peor que un infiel".

— 1ª Timoteo 5:8 Nueva Biblia de Jerusalén

Si eres fanático de los deportes seguramente has observado los rituales de fútbol previos al partido donde los equipos se agrupan y se "animan" para competir contra sus rivales. El equipo local a menudo comienza a vociferar entre sí: "¡Protejan esta casa!" ¡Esta es una afirmación enfática declarando que nadie entra en el campo de juego a ganarle al equipo local delante de su afición! Es un recordatorio para que los jugadores sacrifiquen y brinden todo lo que tienen para asegurarse de que su casa está protegida.

¿No sería grandioso comenzar nuestros días de esta manera? ¿Enfrentándonos al mundo con todo lo que tenemos? Tal vez, debamos agrupar a nuestro equipo (familia) todos los días en nuestra casa y cantar en unísono "¡Protejan esta casa!" Todos debemos tener resuelto que nada ni nadie va a invadir nuestra casa y a matar nuestros sueños; que, en la medida de nuestras mejores habilidades, hagamos lo que está en nuestras manos para protegernos mutuamente y proteger nuestros sueños.

Para ayudarnos con eso, veamos cómo se aplica *La navaja multiusos financiera* al Cuadrante I: Protección.

FALLECIMIENTO

Primero que nada, el IUL sirve como seguro de vida para proteger a tu familia contra un fallecimiento prematuro. Si tienes personas que dependen de ti financieramente y no tienes seguro de vida, eres un irresponsable y egoísta. Se que es una declaración muy fuerte, suena bastante crítico y seguramente ofenderá a algunos lectores, pero lo digo porque es la verdad. Conozco la devastación de las personas que actúan de esta manera porque yo mismo lo he experimentado. Es doloroso ver a una familia pasar por el fallecimiento prematuro de un ser querido, pero cuando ves que esto les sucede sin un seguro de vida, ¡es verdaderamente trágico!

Para muchas compañías, el término "permanente" significa que usted estará cubierto hasta los 121 años. No sólo tendrás protección de por vida, sino que las ganancias por muerte se les pagarán a tus beneficiarios libres de impuestos y evitará el tribunal testamentario. Igualmente, puedes seleccionar diferentes opciones de pago. Por ejemplo, en lugar de un pago global, puedes elegir pagos mensuales durante un período de tiempo.

BENEFICIOS EN VIDA (ATENCIÓN MÉDICA A LARGO PLAZO PARA ENFERMEDADES CRÓNICAS, CRÍTICAS Y TERMINALES)

La segunda forma de protección que proporciona el IUL es una característica relativamente nueva en la industria llamada beneficios en vida. Los beneficios en vida son beneficios del cual no tienes que fallecer para obtenerlo. Curiosamente, esta protección te beneficia a TI mientras vives, en lugar de ser sólo un beneficio que tus beneficiarios reciben al momento de tu muerte. Mientras estés con vida, puedes obtener opciones de beneficios para enfermedades crónicas, críticas y terminales y/o atención médica a largo plazo en donde recibirás parte de tu beneficio por causa de muerte, libre de impuestos para ayudarte a pagar tus facturas médicas, el tiempo ausente de tu empleo o por cualquier otra razón. No todas las compañías ofrecen estos beneficios, y aquellas que, si lo hacen, tienen poca uniformidad en la forma en que ofrecen y administran los beneficios. Generalmente, estos beneficios adicionales son ofrecidos por voluntariamente agregar cláusulas de seguro a tu póliza. Una cláusula adicional de seguro es una opción que se le ofrece a los asegurados como un tipo de cobertura suplementaria aparte de la cobertura primaria existente (en este caso, cobertura de vida). Algunas cláusulas se ofrecen sin costo adicional, mientras que otros tienen un cargo extra.

ENFERMEDAD CRÓNICA

La buena noticia es que los estadounidenses viven aún más tiempo. Debido a los avances tecnológicos y médicos, hay una creciente población de ancianos. Para el 2030, se proyecta que la población de individuos de 65 años o más, serán más de 71 millones de personas, casi el doble del número actual. La no tan buena noticia es que debido al aumento de la expectativa de vida tendrás una alta probabilidad de experimentar una enfermedad crónica que requerirá activos significativos para tratarla. Según el Departamento de Salud y Servicios Humanos de los EE. UU., alrededor del 70% de las personas mayores de 65 años necesitarán algún tipo de atención médica a largo plazo durante su vida y más del 40% de todas las personas necesitarán atención médica durante algún tiempo en un hogar para ancianos.

Aunque las compañías pueden diferir en la definición y cobertura de una enfermedad crónica, típicamente se define como una enfermedad o condición física que afecta permanentemente a un individuo donde él o ella:

> No es capaz de desempeñar al menos dos de seis actividades regulares en su vida cotidiana (aseo personal, vestirse, evacuar, trasladarse, continencia y alimentarse) sin ningún tipo de asistencia sustancial; o
>
> Requiere supervisión sustancial por parte de otra persona para proteger a un individuo de amenazas en su salud y su seguridad debido a una deficiencia cognitiva, y por el cual el individuo se encuentra en un programa de atención médica, prescrito por un profesional de la salud con licencia.

Una enfermedad crónica es un Mata Sueños en el que pocos piensan hasta que son expuestos a ella personalmente, ya sea a través de la salud personal de un individuo o la de un ser querido, especialmente uno de sus padres. Sin embargo, este Mata Sueños puede arruinar a las familias y a menudo es malentendido. A continuación, mencionare varios mitos que debemos comprender.

Mito 1– Los jóvenes no tienen que preocuparse por las enfermedades crónicas

¡Ya sé lo que estás pensando! "La atención médica a largo plazo es solo para los ancianos y no es un asunto del cual deba preocuparme ahora, me preocuparé cuando sea viejo, DESPUÉS de haber cumplido todos mis sueños". La mayoría de las personas, erróneamente creen en esta idea y no piensan en la necesidad de obtener atención médica a largo plazo hasta que llegan a los 60 años. Sin embargo, la realidad es que las enfermedades crónicas no discriminan en edad. Un artículo escrito para un proyecto de la Universidad de Georgetown (Georgetown University en inglés) sobre el Financiamiento de la atención médica a largo plazo declaró que casi el 43% de los que necesitan atención médica a largo plazo se encuentran entre los 18 y 64 años. Las personas más jóvenes simplemente no piensan en las enfermedades crónicas causadas por accidentes y eventos relacionados con la salud (como, por ejemplo, defectos congénitos, infartos).

En general, hay un 50-50 por ciento de probabilidad de que una persona necesite atención médica a largo plazo en algún momento de su vida.

Mito 2 – El seguro médico cubre la atención médica a largo plazo

Contrario a las creencias populares, el seguro médico (incluyendo Medicare) no cubre la atención médica a largo plazo. Aunque puede cubrir algunos de los costos asociados con una enfermedad aguda (causa de la enfermedad), no cubre la atención permanente.

Mito 3 – Puedo confiar en el Seguro Social y/o en Medicaid de ser necesario

En general, la cobertura de Seguro Social y Medicaid puede ser muy confusa y desafiante, sin mencionar que cada estado tiene sus propias leyes de estos servicios. Sin embargo, estas tienen algunas cosas en común que debes entender. Primero, muchas instituciones de atención médica a largo plazo no aceptan Medicaid. Como resultado, tus opciones pueden ser limitadas y, en muchos casos, es posible que no encuentres una instalación que se encuentre cerca de tu casa. Aún más importante, para cumplir con los requisitos de Medicaid, no puedes tener más de $2,000 dólares en activos líquidos. ¡Leíste correctamente, ¡$2,000 dólares en activos líquidos! Y, si piensas que puedes ser más listo que el sistema y que puedes transferir tus bienes a tus familiares, ten en cuenta que debes hacerlo cinco años ANTES de comenzar con la solicitud. Por último, Medicaid tiene una disposición de "recuperación de bienes" que requiere que luego de tu fallecimiento tu herencia patrimonial pague todos los beneficios de Medicaid que recibiste. Por lo tanto, las ganancias de la venta de tu casa, automóvil y pertenencias personales se le pagan a Medicaid antes de ser entregados a tus herederos.

Mito 4 – Mi familia cuidará de mí

Pese a que gran parte de la atención médica que reciben las personas con enfermedades crónicas lo proporcionan sus familiares, la realidad es que la mayoría de ellos tienen otros compromisos (por ejemplo, un empleo y una familia) que les dificulta cuidar a una persona con una enfermedad crónica. Y lo más importante es que rara vez poseen las habilidades necesarias como para hacerse cargo de los muchos desafíos asociados con las enfermedades crónicas.

Mito 5 – Si me llego a enfermar crónicamente, probablemente no sobreviva mucho de tiempo, así que de todos modos no tengo que preocuparme demasiado de los recursos

Según el Consejo Nacional de Planificación de Cuidados (National Care Planning Council), la estancia promedio en un hogar para ancianos es de 835 días (2.5 años). Recuerda que este es solo el promedio, así que tú podrás estar en un hogar para ancianos un largo período de tiempo y necesitas planear de manera correspondiente.

No dejaré de hacer hincapié en la importancia de protegerte contra una enfermedad crónica. Puedes pasarte toda la vida sacrificándote y ahorrando, sólo para perderlo todo por una enfermedad crónica y/o agotar los recursos de tu familia. Es muy común que los hijos adultos se encuentren en la posición de ayudar económicamente a los padres ancianos cuando se ven afectados por una enfermedad crónica. Y, ¿adivina cuándo siempre sucede esto? Si adivinaste que ocurre al mismo tiempo que el hijo adulto tiene sus propios hijos en la universidad (tal vez, el tiempo más costoso de la vida de un padre), estas en lo correcto. Por lo tanto, si te encuentras en esta situación (comúnmente conocida como la "generación intermedia"), puedes elegir entre ayudar a tus padres (y proteger tu posible herencia) o ayudar a tu hijo. Por esto y mucho más debes ayudar a tus padres a planear en caso de esta situación y comprar un seguro ANTES de que lo necesiten.

Otro factor importante para considerar es lo que le sucederá a un cónyuge sobreviviente una vez uno ingresa a algún tipo de atención médica a largo plazo y, presumiblemente, fallece primero. Debido al tremendo costo asociado con la atención médica a largo plazo, a menudo el cónyuge sobreviviente se encuentra en dificultades generales como también financieras.

Afortunadamente, el IUL puede ayudarte a protegerte contra enfermedad crónicas proporcionando dos tipos de cláusulas de seguro adicionales: una cláusula para enfermedades crónicas o una cláusula adicional para atención médica a largo plazo. Como se ha mencionado antes, cada compañía que ofrece protección contra las enfermedades crónicas, lo hace de forma individualizada, por lo que es importante que leas los detalles de la cláusula y trabajes junto con un asesor que entienda las pequeñas peculiaridades de cada una de ellas.

Nota:

No todas las compañías ofrecen coberturas de enfermedades crónicas en sus productos y estas coberturas son específicas para cada estado. Por lo tanto, aunque el folleto de la compañía puede resaltar dicha cobertura, es posible que no esté disponible en tu estado. Del mismo modo puedes encontrar que debido a los pagos máximos de beneficios proporcionados por la protección de enfermedad crónica/atención médica a largo plazo (LTC, por sus siglas en inglés) de una póliza de seguro de vida (basado en el beneficio por causa de muerte que hayas elegido), se necesitará cobertura adicional.

Cláusula de enfermedades crónicas vs. atención médica a largo plazo

Las cláusulas de atención médica a largo plazo (LTC) y de enfermedades crónicas son similares en muchos aspectos, especialmente en lo que respecta a los requisitos para obtener sus beneficios, aunque hay algunas diferencias significativas. Hay diferencias, particularmente en el modo de calcular los beneficios, el tipo de documentación necesaria para una reclamación y con qué frecuencia debe ser enviado, si se requieren o no recibos, el monto máximo de beneficios mensuales y de por vida, cómo se afecta el beneficio por causa de muerte por a una reclamación, el tipo de pago (reembolso vs. indemnización), y quién realmente puede proporcionar la atención médica.

Las aseguradoras de vida normalmente ofrecen un tipo de cobertura u otra, si es que la ofrecen. Debido al sinnúmero de opciones y la complejidad de una enfermedad crónica vs. LTC, literalmente podría escribir un libro entero sobre el tema, pero ese no es el propósito de este libro. Mi mejor consejo para un consumidor es trabajar de cerca con un asesor que pueda ayudarte a elegir la póliza adecuada para tus necesidades y objetivos individuales. Como verás en los capítulos venideros, soy un gran defensor del asesoramiento profesional y discutiré en detalle las ventajas de trabajar con uno en el Capítulo 12 — Aplicación de los principios financieros.

ENFERMEDAD CRÍTICA

Es de suma importancia que revises la cobertura ofrecida por la compañía que la promueve, pero dependiendo de la compañía, las enfermedades críticas incluyen infarto masivo, bypass de arteria coronaria, derrame cerebral, cáncer invasivo, cáncer hematológico (leucemia, linfoma, mieloma múltiple), trasplante de órgano mayor, insuficiencia renal en su etapa terminal, parálisis, coma, quemadura grave. Piense en la importancia de este beneficio. Tengo un familiar que hace más de 20 años se sometió a cinco cirugías de bypass cardíaco y hoy en día está como si nada. Si usted desarrolla una enfermedad crítica, ¿qué tan reconfortante sería saber que puede utilizar el seguro de vida para gastos médicos, necesidades familiares o cualquier otra razón si lo necesita? Como resultado, no tendrás que agotar tu cuenta de jubilación y podrás disfrutar de muchos años de salud.

ENFERMEDAD TERMINAL

La enfermedad terminal es una enfermedad o condición física, diagnosticado por un profesional de la salud con licencia, el cual tiene una alta probabilidad de resultar en el fallecimiento de un individuo dentro de un período de 24 meses a partir de la fecha de la certificación. Si eres diagnosticado con una enfermedad terminal y cuentas con un IUL, puedes retirar fondos libres de impuestos basado en tu beneficio por causa de muerte. Quiero que notes que dije beneficio por causa de muerte no valor en efectivo, lo que significa que tienes acceso a una suma mucho mayor. Ahora bien, dependiendo de la cantidad de dinero que retires se reducirá el beneficio por causa de muerte que se le proporcionará a tus beneficiarios al momento de tu fallecimiento.

INCAPACIDAD

Permíteme afirmar rotundamente que el IUL no es una póliza de incapacidad. En los últimos años, algunas compañías han progresado al añadir elementos de incapacidad a sus pólizas como cláusulas, pero aún no tenemos una verdadera característica de incapacidad en el IUL. Desafortunadamente, algunos asesores comercializan las características de las enfermedades crónicas y críticas de una IUL como protección de incapacidad, pero estas no proporcionan una cobertura de incapacidad tradicional y los agentes no deberían implicarlo.

La cobertura por incapacidad es una de suma importancia que a menudo se pasa por alto. Pero como aprendimos en el Capítulo 2, tienes más probabilidad de quedar incapacitado que de fallecer prematuramente. Aunque no soy un defensor de los seguros de vida proporcionados por tu lugar de empleo, sí creo que hay algo de valor en el seguro de incapacidad. De cualquier manera, la incapacidad es un Mata Sueños del cual necesitas protegerte.

Longevidad

A primera instancia, la idea de que la longevidad sea un Mata Sueños puede sonar gracioso. Suena como un oxímoron, similar a una desmesurada medida. Después de todo, ¿no es el objetivo de todos vivir el mayor tiempo posible? El concepto de tener longevidad no se aplica necesariamente a nuestra vida física, sino más bien a la idea de sobrevivir más que nuestros activos, los cuales, sin duda alguna, es un reto mayor ahora más que nunca.

Las personas se sorprenden al saber que la expectativa de vida hace unos 100 años, en promedio, era de sólo 53 años. Se sorprenden aún más al enterarse de que el Seguro Social nunca fue concebido como un plan de jubilación, tal como es visto por muchos hoy en día, sino más bien como un seguro para aquellos ciudadanos de edad avanzada que estaban desolados y ya no podían trabajar. De hecho, aunque originalmente, en el momento de su creación la edad de prestación se fijó para los 65 años, la expectativa de vida era de sólo 61.7 años. Así es: la persona promedio fallece antes de recibir los beneficios.

Hoy en día, las personas viven mucho más tiempo debido a los avances médicos y tecnológicos; la expectativa de vida, en promedio, es de casi 79 años y se podría vivir unos 20 a 30 años en jubilación.

Debido a que el IUL ofrece un suplemento muy efectivo al crear valor en efectivo, tener opciones de inversión favorables y liquidez libre de impuestos en el plan de jubilación de una persona, el Mata Sueños de longevidad puede ser minimizado por *La navaja multiusos financiera*, pero no ofrece protección plena a menos que se financie adecuadamente para satisfacer todas las necesidades de jubilación. Por esto recibe una marca de cotejo parcial en nuestro DKRQ.

CONCLUSIÓN DEL CI

La navaja multiusos financiera tiene muchas herramientas efectivas para combatir los riesgos físicos. Protege contra el fallecimiento, las enfermedades críticas y crónicas y puede ayudar como fondo suplementario en el caso de longevidad. Aunque el valor en efectivo puede ayudar con los gastos durante una incapacidad, no ofrece protección contra una incapacidad a largo plazo.

CAPÍTULO 6
CII, OFENSIVA Y DEFENSIVA (RIESGOS FINANCIEROS)

"Tienes que desarrollar tu juego por completo".

— Isaiah Thomas

En el mundo de los deportes hay un debate constante sobre la importancia entre ofensiva contra defensiva. El fútbol americano, particularmente, es un deporte donde los entrenadores (y equipos) son conocidos por tener una mentalidad ofensiva O defensiva. Mientras que un equipo invierte sus recursos en su ofensiva para anotar más puntos, no ganan el campeonato porque ignoran su defensiva y les regalan a sus oponentes más puntos de los que anotan. De igual manera, los equipos que se concentran solo en su defensiva evitan que sus oponentes anoten puntos, pero se les dificulta anotar puntos para sí mismos.

Sin embargo, lo que si comprenden los equipos es que para ganar el campeonato debes tener una gran ofensiva Y defensiva. No puedes sacrificar una a expensas de la otra. De manera similar, para ser un campeón en el juego de dinero debes tener un balance entre ofensiva y defensiva.

¡Los campeones poseen una gran ofensiva Y defensiva!

En el capítulo anterior hablamos sobre cómo "proteger nuestra casa" con mayor énfasis en la defensiva. En este capítulo continuaremos aprendiendo tácticas defensivas para nuestros Mata Sueños financieros, pero también exploraremos la necesidad de tener ofensiva en ciertas situaciones.

RIESGO DE INFLACIÓN

Una situación donde debemos tener una gran ofensiva es para vencer la inflación. A menudo, la inflación es uno de esos riesgos ocultos que es subestimado y malinterpretado por las personas. Históricamente, la inflación ha crecido, en promedio, un 3 a 4% cada año. No obstante, la mayoría de las personas creen que la tasa es mucho mayor que los presentados en los informes gubernamentales debido a la manipulación de los indicadores claves gubernamentales. Por ejemplo, el gobierno estadounidense eliminó el costo de electricidad y alimentos del índice de precios al consumo (CPI, por sus siglas en inglés) en la década de los 90 bajo el pretexto de que las dos categorías son muy volátiles para monitorear constantemente. Es evidente que necesitamos electricidad y alimentos en tiempos de inflación, pero la realidad es que no quieren que el público vea esta inflación porque psicológicamente impactará negativamente a los consumidores y ocasionará que los mercados declinen y conduzcan a problemas económicos (y críticas políticas).

Definitivamente algunas categorías de bienes y servicios incrementan a una tasa mayor que la norma. Por ejemplo, normalmente se les enseña a los asesores el incluir un incremento en la inflación de un 8% anual en la matrícula universitaria. Y como todos mayormente sabemos, en estos últimos 20 años los seguros y servicios médicos están hasta por las nubes.

Pese a los cálculos que utilices, un importante teorema matemático permanece constante.

Si en tu cuenta de ahorros no generas un importe de intereses acreditados mayores o iguales a la tasa de inflación estas perdiendo dinero (poder adquisitivo).

Utilicemos un ejemplo para cuestión de simplicidad. Digamos que hiciste un trato con tu hija antes de ir a la universidad que, si ella se gradúa en 4 años, le comprarías un automóvil de $10,000 dólares. Para motivarla depositas la suma de $10,000 dólares en un certificado de depósito (CD) en tu banco que actualmente está pagando el 1% de interés. Tu hija sobresale y se gradúa de la universidad bajo el plazo estipulado de 4 años. Tu cuenta ha crecido al enorme monto $10,406 dólares. Pero aguanta un segundo, antes de retirar los fondos debemos pagar los impuestos de las ganancias. Después de los impuestos, nuestra cuenta baja a la suma de $10,345 dólares (un 15% de impuestos simples para nuestros fines ilustrativos). Ahora estamos listos para comprar el automóvil.

Pero espera, debido a la inflación el automóvil ya no cuesta $10,000 dólares sino $11,699 dólares (un 4% de inflación anual). Estas $1,354 dólares más corto por que la tasa de rentabilidad en tu CD no siguió el ritmo de la inflación. Ya no solo tienes que pagar la diferencia del auto, pero si lo piensas bien, debes generar más de $1,354 dólares por los impuestos. Dependiendo de tu tramo de la escala contributiva, deberás generar una cantidad adicional de $500 dólares o más.

La psicología de los consumidores sobre pérdidas e inflaciones es bastante fascinante. Como seres humanos que somos, la mayoría tendemos a tener una mentalidad centrada en lo que tenemos "a la mano" y no a lo que estamos dejando atrás. No queremos tomar el riesgo de perder lo que tenemos, a pesar de enfocarnos en el hecho de que podríamos obtener aún más si nos reenfocamos en lo que podríamos perder si no aprovechamos una oportunidad. Los economistas se refieren a esto como "costo de oportunidad". Piensa en nuestro ejemplo del CD.

¿Qué tal si el banco te envía una carta informándote que han sido robados y que como resultado la parte de tus fondos robados equivale a $1,354 dólares? Debido a esta pérdida tu CD tiene un valor de solo $8,646 dólares ($10,000 - $1,354). Si eres como yo, estarías encolerizado al enterarte de esta noticia y sin vacilar estarías en el teléfono llamando al gerente del banco con una gran elección de palabras. Pero cuando la inflación nos roba $1,354 dólares no nos percatamos de ello O simplemente lo justificamos pensando que vale la pena la inversión en el CD y obtener un rendimiento bajo para así evitar una posible pérdida en la bolsa de valores. Sin embargo, al final, sea el monto que se haya desvanecido, seguimos sin contar con la misma cantidad de dinero. ¿No deberíamos estar igual de encolerizados sin importar la situación que sea?

Cuando consideramos importes de ahorros a gran escala en un largo período de tiempo, literalmente podemos perder cientos de millones de dólares debido a la inflación.

Desafortunadamente, siempre enfrentaremos riesgos sin importar como invirtamos nuestros fondos. Si depositamos nuestros fondos en un CD, perdemos fondos debido a la inflación e invertimos en el mercado, podríamos perder fondos debido a los riesgos del mercado.

Sin embargo, la buena noticia es que gracias a la póliza de IUL obtenemos lo mejor de dos mundos. Podemos mitigar la inflación y el riesgo de mercado. Para continuar con nuestra analogía de este capítulo, podemos tener una buena ofensiva (interés indexado) para luchar contra la inflación y una gran defensiva (tasa de interés mínimo garantizado) para la protección del riesgo del mercado.

Tal vez el beneficio más característico de un IUL es la opción de interés indexado, lo que te permite recibir un rendimiento de las inversiones en la bolsa de valores con protección garantizada contra pérdidas de mercado. Mientras que la mecánica de esta herramienta es muy técnica, el concepto básico que debes comprender es que recibes un rendimiento en tu cuenta de ahorros basado en el índice bursátil, pero estas asegurado en el que nunca perderás fondos sin importar la tendencia del mercado.

Ya que el riesgo de mercado y el riesgo de inflación están relacionados de forma opuesta, la próxima sección sobre el riesgo del mercado describirá con más detalle como *La navaja multiusos financiera* lucha contra ellos simultáneamente. Pero por ahora, solo debes entender que el Mata Sueños de la inflación es mitigado debido a la opción de indexado en un IUL. Por lo tanto, nuestro DKRQ recibe una marca de cotejo.

RIESGO DEL MERCADO

Interés indexado

Uno de los mayores desafíos de ahorros que enfrenta la sociedad es el cómo maximizar el rendimiento mientras se reduce el riesgo y/o volatilidad del mercado. Una de las herramientas más innovativas en la industria desde hace muchos años ha sido como el interés es acreditado en un IUL. El interés de un IUL es acreditado de acuerdo con el índice bursátil, pero la compañía de seguro te garantiza que tu cuenta nunca perderá fondos si la bolsa de valores pierde dinero.

Esta técnica te permite tener un rendimiento indirecto de la bolsa de valores con tasas de rendimiento potencialmente más altas que las cuentas de ahorros tradicionales, pero elimina el riesgo de pérdidas. Por ejemplo, si el mercado baja un 20% o 30% durante un período de tiempo determinado, la compañía de seguro te garantiza que tu cuenta se permanecerá en 0% de rendimiento, o en ciertos casos, recibir actualmente un rendimiento nominal. Alternativamente, si el mercado sube, tu cuenta recibirá un interés crediticio basado en el índice bursátil seleccionado.

Esto parece ser muy bueno para ser cierto, ¿verdad? ¿Cómo una compañía puede permitir semejante potencial alcista sin ningún tipo pérdida? La respuesta es que HAY un cierto tipo de truco. Para cumplir con este fin la compañía debe limitar el potencial de ganancias en alzas.

Basado en prácticas realizadas hoy en día, las compañías topan las alzas entre el 11 y 14%. Esto significa que, si el mercado sube un 20% o 30%, el tope de tu cuenta será del 14%. Por lo que efectivamente, recibirás una tasa de interés entre un 0% y 14% garantizado.

Este es una característica increíblemente importante porque matemáticamente hablando es mejor NO tener un rendimiento negativo que tener uno positivo. Por ejemplo, si perdieras un 50% de una cuenta, muchas personas no entienden que deberás recibir un 100% de rendimiento (no un 50%) para solo regresar al balance original. (Si deseas refrescar tu memoria dirígete al Capítulo 3, *Encerar, Pulir.*)

Índices bursátiles

Un índice bursátil es una medida estadística de cambios en la economía o en el mercado de valores. En el caso de los mercados financieros, un índice bursátil es un portafolio imaginario de valores que representa un mercado en particular o una porción de él. (Investopedia)

> ***"En los últimos 15 años, el 92.2% de la gran capitalización (conocido en inglés como large-cap funds) se ha rezagado con respecto al fondo mutuo indexado del Standard & Poor's 500 (S&P 500). Los porcentajes de fondos de capitalización pequeña y media (small-cap and mid-cap funds) rezagados respecto a sus índices de referencia fueron aún más altos: 95.4% y 93.2%, respectivamente".***
>
> **— Standard and Poor's Research, Market Watch 2017**

Cuando distribuyes tus pagos dentro de una póliza de IUL en una cuenta "indexado" es importante que comprendas que tus fondos no son directamente invertidos a un índice bursátil. Más bien, la compañía de seguro acredita los pagos de intereses a tu cuenta basado en el desempeño de un índice determinado. La compañía de seguro administra los fondos en su propia cuenta general, y tú, no tienes posesión directa de los fondos indexados que ellos utilizan.

Índice de capitalización (Index Cap) e índice de la tasa de participación

Como se declaró previamente, a fin de que las aseguradoras garanticen que la bolsa de valores vinculado con la cuenta de intereses no obtenga un rendimiento negativo, deben limitar los ingresos en alza para que las pólizas funcionen actuariamente. Sin estos límites en alza, las aseguradoras tendrían que incrementar los cargos de la póliza sustancialmente a expensas del consumidor. Estos "topes" son indicados en tu proyección, pero están sujetas a cambios al alza o la baja a discreción de la compañía y a las condiciones del mercado. Hay dos métodos principales que utilizan las aseguradoras para limitar el rendimiento de la tasa de interés: el tope del índice y la tasa de participación.

El método de la tasa de capitalización simplemente limita los ingresos en alza basadas en un porcentaje de rendimiento. Por ejemplo, un tope del 12% limitaría la tasa de ganancia anual a un 12%. Por lo tanto, si el índice bursátil creciera un 20% en un período de tiempo determinado, el titular de la póliza solo recibirá un 12% de interés en lugar del 20% de rendimiento.

En lugar de limitar las ganancias en alza basadas en un porcentaje definido, la tasa de participación limita las ganancias basadas en un porcentaje de la tasa de ganancias del mercado. Por ejemplo, si una tasa de participación se establece en un 70%, el titular de la póliza recibiría el 70% del rendimiento del índice bursátil. Por lo tanto, si el rendimiento del índice bursátil fuera del 20%, el titular de la póliza recibiría un rendimiento del 14% (70% del 20%). Diferentes compañías ofrecen diferentes métodos de capitalización, pero no es raro que una compañía ofrezca ambos métodos. Tú puedes elegir a que cuenta de interés asignas tus contribuciones e incluso puedes tener la opción de dividir tu distribución en los dos tipos de cuenta.

¡ALERTA NERD!

Te presentó un ejemplo de una cuenta hipotética para fines ilustrativos:

Cambios históricos en los índices bursátiles y pronostico hipotético en las tasas de interés

La siguiente tabla muestra los cambios históricos del índice corriente con su pronóstico hipotético correspondiente de las tasas de intereses en un período de 20 años, asumiendo que los parámetros del índice cada año son equivalentes a los valores corrientes de estos parámetros:

Índice de capitalización corriente para la cuenta de capitalización (index cap account): 11.00%

Índice de la tasa de participación corriente para la cuenta de la tasa de participación (participation rate account): 70.00%

		Index Cap Account 1-Year Point-to-Point S&P Index 500®		**Participation Rate Account** 1-Year Point-to-Point S&P 500®	
Begin Date	End Date	Index Growth Rate	Index Growth Rate	Index Growth Rate	Hypothetical Interest Credited
12/31/1995	12/31/1996	20.26%	11.00%	20.26%	14.18%
12/31/1996	12/31/1997	31.01%	11.00%	31.01%	21.71%
12/31/1997	12/31/1998	26.67%	11.00%	26.67%	18.67%
12/31/1998	12/31/1999	19.53%	11.00%	19.53%	13.67%
12/31/1999	12/31/2000	-10.14%	0.25%	-10.14%	0.25%
12/31/2000	12/31/2001	-13.04%	0.25%	-13.04%	0.25%
12/31/2001	12/31/2002	-23.37%	0.25%	-23.37%	0.25%
12/31/2002	12/31/2003	26.38%	11.00%	26.38%	18.47%
12/31/2003	12/31/2004	8.99%	8.99%	8.99%	6.30%
12/31/200	12/31/2005	3.00%	3.00%	3.00%	2.10%
12/31/2005	12/31/2006	13.62%	11.00%	13.62%	9.53%
12/31/2006	12/31/2007	3.53%	3.53%	3.53%	2.47%
12/31/2007	12/31/2008	-38.49%	0.25%	-38.49%	0.25%
12/31/2008	12/31/2009	23.45%	11.00%	23.45%	16.42%
12/31/2009	12/31/2010	12.78%	11.00%	12.78%	8.95%
12/31/2010	12/31/2011	0.00%	0.25%	0.00%	0.25%
12/31/2011	12/31/2012	13.41%	11.00%	13.41%	9.38%
12/31/2012	12/31/2013	29.60%	11.00%	29.60%	20.72%
12/31/2013	12/31/2014	11.39%	11.00%	11.39%	7.97%
12/31/2014	12/31/2015	-0.73%	0.25%	-0.73%	0.25%
Compound Annual Average			6.79%		8.34%

En adición, la tabla refleja los rendimientos históricos de año a año del S&P 500 para las cuentas de capitalización y del índice de tasa de participación desde el 31 de diciembre de 1995 hasta el 31 de diciembre de 2015. También refleja los parámetros hipotéticos anualizados del índice corriente no garantizado para el índice en un año. Las cuentas podrían ser durante el mismo período. Las rentabilidades anteriores no son indicativos de las rentabilidades futuras.

El desempeño corriente puede variar, sustancialmente del desempeño establecido en este documento.

Nota:

Es de suma importancia que comprendas que tus fondos no son directamente invertidos en la bolsa de valores o en los índices. En su lugar, las aseguradoras acreditan el interés de tu cuenta basada en el desempeño de un índice elegido. Las aseguradoras tienen que compartir esta información contigo por cuestiones legales y reglamentarios, pero normalmente solo ocasiona más confusión para todos los involucrados. Para efectos conceptuales, solo necesitas entender que tus créditos de interés están directamente correlacionados con los índices bursátiles seleccionados y que se acreditan de una manera sustancialmente similar.

Debido a la protección de pérdidas garantizada por el UIL, el Mata Sueños del Riesgo del mercado se merece una marca de cotejo completa.

RIESGOS FISCALES

> ***"La única diferencia entre la muerte y los impuestos es que la muerte no se vuelve cada vez peor cuando se reúne la Cámara de Representantes y Senado de los EE. UU".***
>
> **— Will Rogers**

¿Cuántos de nosotros enviamos voluntariamente dinero extra al gobierno con nuestra declaración de impuestos? ¡La respuesta es ninguno, cero, nada! Nunca he conocido a alguien que decida hacer una contribución caritativa al IRS. Como el director ejecutivo de mi familia, tengo la responsabilidad de maximizar mis beneficios dentro de los parámetros de la ley. Aun así, involuntariamente, muchas personas involuntariamente hacen contribuciones caritativas al IRS al no comprender las leyes tributarias o aprovechar las oportunidades para ahorrar dinero de los impuestos.

Muchos de nosotros estamos familiarizados con las ventajas fiscales de las Cuentas de Jubilación Individual (IRA, por sus siglas en inglés) y el plan 401(k), donde obtienes una deducción fiscal por inversión y aplazamiento de impuestos sobre las ganancias, pero tienes que pagar impuestos de TODAS las ganancias en el momento de retirar los fondos.

La que uno debe cuestionarse es, "¿Por qué querríamos pagar impuestos por la cosecha en vez de la semilla?" En otras palaras, hay veces que puede ser más favorable pagar los impuestos por adelantado y nunca en la acumulación y distribución.

No vas a obtener una deducción de impuestos por tu contribución a una póliza IUL. Pero, puesto que los ingresos internos en las pólizas de seguros se pueden diferir de los impuestos e incluso puedes obtener préstamos de tu póliza IUL sin tener que pagar un centavo de vuelta, legalmente puedes evitar pagar impuestos sobre cualquier ganancia que recibas en tu cuenta de ahorros interno. Simplemente continúas sacando préstamos fuera de tu póliza hasta que fallezcas. En el momento de tu fallecimiento, tu beneficio de muerte pagará tu préstamo, ¡y el resto se les pagará a tus beneficiarios libre de impuestos! ¡El resultado efectivo de esta técnica es que tus ganancias acumuladas nunca pagarán impuestos!

Nota:

Haga referencia al Capítulo 4, *La navaja multiusos financiera,* como forma de repaso sobre el funcionamiento de los préstamos, de ser necesario.

¡ALERTA NERD!

Impuestos tributarios – ¿Cuan altos pueden ser?

El viejo refrán, "le das la mano y te toman hasta el codo" no podría aplicar mejor cuando se trata del gobierno de los EE. UU. La mayoría de las personas se sorprenden al enterarse de que durante los primeros 137 años de los EE. UU. no hubo impuestos sobre ingresos. Sí, lo escuchaste bien: no había impuestos sobre ingresos.

La idea de los impuestos sobre ingresos entró en juego a principios del siglo XX como una forma de financiar la Primera Guerra Mundial. Para legalizarlo, el gobierno federal tuvo que crear una reforma constitucional y venderlo al público promoviendo la idea que solo se les aplicará a las personas ricas y se fijó a solo un 2%. Por supuesto, una vez que los políticos metieron la cuchara, las tasas subieron continuamente hasta llegar a una tasa marginal de... ¿estás listo? ... ¡¡¡¡92%!!!! Sí, ¡¡¡¡92%!!!!

La **Decimosexta Enmienda (Enmienda XVI)** a la Constitución de los Estados Unidos permite al Congreso recaudar un impuesto sobre ingresos sin necesidad de distribuirlo entre los estados ni basarlo en el Censo de los Estados Unidos. Esta enmienda eximía los impuestos sobre ingresos de los requisitos constitucionales con relación a los impuestos directos, después de los impuestos sobre ingresos de alquiler, los dividendos y los intereses fueran declarados impuestos directos en el juicio de Pollock contra Farmers' Loan & Trust Co. (1895). La enmienda fue adoptada el 3 de febrero de 1913. (Wikipedia)

En general, algo importante que debemos de considerar son las tasas impositivas marginales elevadas. En la proyección inferior, podrás ver la tasa impositiva marginal sobre ingresos para el 1913. Desde el 1933 hasta 1982, las tasas impositivas marginales están por encima del 60%. Después de este punto se disminuyó a niveles bajos, casi históricos y desde ese entonces se ha mantenido bastante constante.

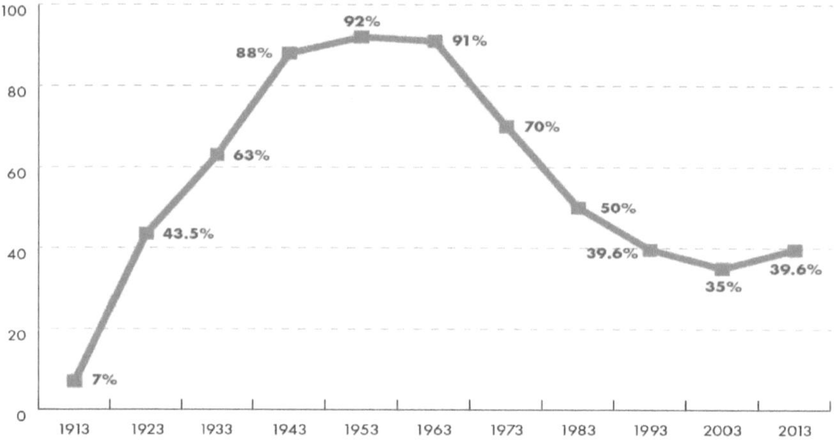

Pero ¿qué pasará con la tasa impositiva sobre ingresos en el futuro? Muchas personas teorizan que con los problemas económicos actuales (déficit constante, deuda pública, solvencia de los programas de subsidios) las tasas impositivas volverán a incrementar en el futuro. ¡Si esto es cierto, la opción de un IUL como protección ante los impuestos se vuelve de suma importancia! Imagina que ya estas jubilado y vas a tomar las distribuciones de tu plan 401(k) solo para encontrar que el gobierno te cobrará una tasa impositiva exorbitante. ¿No haría más sentido pagar los impuestos en la tasa más baja de la historia que posiblemente estar sujeto a impuestos adicionales por la mala administración de las finanzas del país por gobierno?

Como aprendimos anteriormente en el libro, si obtienes distribuciones de un IUL a través de la opción de préstamo, nunca pagarás impuestos por tus fondos acumulados. Como resultado, no tienes que preocuparte por las futuras tasas de impuestos sobre ingresos sin importar lo mucho que se incrementen (aún si vuelven a un 92%). Además, no estas sujeto a una penalidad contributiva por retiro anticipado de tus fondos antes de contar con 59 años y medio. Por esta razón, si en algún dado momento necesitas acceder los valores en efectivo porque estas sin empleo, deseas comenzar un negocio o necesitas pagar la universidad o una boda, no solo no tienes que pagar impuestos sobre ingresos, sino que tampoco tendrás una penalidad contributiva. Recuerda que estas ventajas fiscales solo aplican si retiras el dinero en forma de préstamo.

Si retiras el dinero (no en la forma de un préstamo), aun tienes algunas ventajas fiscales en el sentido de que tu dinero a aumentado con impuesto diferido, puedes utilizar una base de costo favorable porque puedes incluir el costo del seguro, y normalmente se te cobrará los impuestos bajo el método FIFO (First In, First Out o Primera entrado, primera salido [PEPS]); pero aun estas sujeto a pagar los impuestos sobre ingresos y la penalidad contributiva anticipada si eres menor de los 59 años y medio.

Por último, no estas sujeto a las distribuciones mínimas requeridas cuando cumplas tus 70 años y medio, como ocurre con los planes de jubilación tradicionales. Esto te ayuda a protegerte de los impuestos en tus años de jubilación, especialmente porque no podemos predecir qué será de los impuestos en el futuro.

Es importante que sepas que debes mantener tu póliza vigente (activa) para beneficiarte de esta técnica de impuestos. Si una póliza se caduca, puede haber consecuencias fiscales significativas. Nosotros no proveemos asesoramiento fiscal, pero deberías buscar asistencia profesional apropiada cuando sea necesario.

¡ALERTA NERD!

Códigos de Rentas Internas (IRC, por sus siglas en inglés) y sus cláusulas de descargo de responsabilidad

Los beneficios por causa de muerte pagados al beneficiario son libres de impuestos (IRC 101(a)(1)). Los incrementos en el valor de rescate en efectivo no se incluyen en los ingresos sujetos a impuestos del titular de la póliza (IRC 72(e))

Generalmente, los ingresos de una póliza de seguro de vida son libre de impuestos y, si es estructurado adecuadamente, puede ser libre de los impuestos sucesorios.

Las distribuciones libres de impuestos se obtienen al retirar a base de costo (prima pagada) y luego utilizando préstamos sobre pólizas. Los préstamos sobre pólizas y los retiros pueden generar una obligación por el impuesto sobre ingresos, reducir el valor en efectivo disponible como también reducir el beneficio por causa de muerte u ocasionar que la póliza se caduque.

Este material es provisto únicamente para fines generales y educativos; su intención no es proveer asesoramiento legal o de inversión. Todas las inversiones están sujetas a riesgos. Te recomendamos que consultes con un asesor legal o financiero independiente para obtener asesoramiento para tu situación individual especifica.

La información aquí contenida no tiene la intención de ser utilizada ni puede ser utilizado por ningún contribuyente, a fin de evitar sanciones tributarias. Los contribuyentes deben buscar el asesoramiento de un asesor fiscal independiente de acuerdo con sus propias circunstancias particulares.

LIQUIDEZ

He trabajado con parejas jubiladas que tenían muchos activos en bienes inmuebles y se vieron forzados a vender sus casas porque carecían de activos líquidos. No tenían acceso al dinero en efectivo de sus casas para pagar por circunstancias imprevistas cuando era necesario. Para la mayoría de las personas, pagar una casa es una de las metas que se tiene en común, pero podemos argumentar que no es la mejor manera de utilizar el dinero. Podría escribir un capítulo entero sobre este argumento en varias perspectivas, pero esto no está dentro del ámbito de este libro. Pero para nuestro propósito actual, debemos entender que la capacidad de tener acceso a tus activos es de suma importancia.

La liquidez es un aspecto importante dentro de cualquier plan financiero. Asumiendo que tu IUL esté debidamente estructurada y financiada, eres capaz de acceder a tu cuenta por medio de retiros, pero también tienes la oportunidad de acceder a los fondos por medio de un préstamo favorable para tu propio uso. Esta característica de préstamo es específica para los seguros de vida y para unas provisiones enumeradas en el código de impuestos del IRS que no es muy conocida por la mayoría de las personas.

Específicamente, eres capaz de pedir dinero prestado de tu propia cuenta a una tasa especifica (digamos un 6%) pero se te acreditará una tasa similar a tu propio dinero (también digamos un 6% para la tasa de crédito) Así que efectivamente, pudiste acceder a tu dinero por un 0%. Lo creas o no, en algunos casos si tu cuenta de ahorros genera más del 6%, la tasa de interés de tu préstamo se vuelve negativo. Piensa en esta última declaración. Si pides dinero prestado al 6% y aun tienes dinero en tu cuenta de ahorros ganando intereses a una tasa alta (digamos el 8%), ¿podríamos argumentar que el costo real del dinero es -2% (6% - 8%)?

Si está característica parece increíble, aún hay mejores noticias: NO estas obligado a pagar el préstamo. Repito, NO estas obligado a pagar el préstamo. ¡Cero! Como tú cuenta está asegurada por tus propios fondos y la compañía de seguro no depende de tu préstamo para su rentabilidad, no tienes que pagar el préstamo.

Lo más probable te estés preguntando, ¿Por qué la compañía de seguro prestaría dinero, no cobraría una gran tasa de interés y no me exigiría que pagará el préstamo? Hay varias respuestas a esta pregunta. En primer lugar, las aseguradoras están obligadas por ley a conceder préstamos a los titulares de las pólizas basado en el valor en efectivo de estas. En segundo lugar, las aseguradoras se benefician de otras fuentes incluyendo el costo del seguro, los gastos y el rendimiento de las inversiones. Típicamente no dependen de los intereses del préstamo como motor de ganancias, aunque normalmente cobran una cuota para cubrir los gastos de procesamiento. En tercer lugar, como señalamos anteriormente, la capacidad de utilizar los préstamos para evitar impuestos es una ventaja competitiva para los seguros de vida. Sin esta ventaja, las aseguradoras saben que sus ventas disminuirán drásticamente. Finalmente, dado que los préstamos están garantizados por el valor en efectivo de una póliza, existe poco o ningún riesgo de que la compañía de seguro pierda dinero cuando no se reembolsa el préstamo.

Nota:

Es importante comprender que cada compañía tiene su propia política con respecto a los préstamos. Algunas compañías cobran un margen por los préstamos, y la mayoría de las compañías cobran un cargo administrativo. Para más detalles, lee tu proyección y póliza.

DEUDA

El término deuda dentro del contexto de Mata Sueños no se aplica necesariamente a todos las deudas, sino a las deudas incobrables. Sí, eso significa que hay ciertas deudas que son buenas. Existe un pensamiento y una práctica prevalente entre muchos en la sociedad de que deben aspirar a estar libre de deudas. Aunque este pensamiento y práctica es muy noble, desde una perspectiva técnica no siempre es cierto. Estar libre de deudas puede hacernos sentir mejor emocionalmente, pero también nos puede poner trabas financieramente.

Si te fijas en las compañías más grandes del mundo, todas tienen deudas a pesar de tener miles de millones de dólares en efectivo. Apple, Inc., la compañía más grande del mundo por el valor del mercado, al momento de escribir este escrito tiene una deuda de casi $242 mil millones de dólares a pesar de ser bastante rentable. ¿Por qué las compañías grandes utilizarían las deudas si son rentables y tienen tanto dinero en efectivo? La respuesta es por la misma razón por la que ves los nombres de bancos en la parte superior de los edificios prominentes en la mayoría de las ciudades desarrolladas: el apalancamiento. De acuerdo con Investopedia, el "apalancamiento" es una estrategia de inversión que consiste en utilizar dinero prestado, específicamente, el uso de varios instrumentos financieros o capital prestado para aumentar potencialmente el rendimiento de la inversión.

Los bancos y las compañías comprenden este concepto de apalancamiento y lo utilizan para maximizar los beneficios. Entonces, ¿no te haría sentido emplear este mismo concepto en nuestro plan financiero personal?

Desde una perspectiva técnica, la respuesta es sí. Sin embargo, la mayoría de las personas aplican este concepto incorrectamente y terminan en serios problemas. Hay cuatro factores a considerar cuando se utiliza la deuda en un plan personal.

En primer lugar, lo ideal es que la deuda se utilice para financiar otros activos que conserven su valor o que tengan probabilidades de incrementar en valor. Por ejemplo, comprar una casa cumple con este criterio, mientras que irte de excursión a México por un fin de semana no lo es.

En segundo lugar, la deuda no debe ser excesiva hasta el punto de que no puedas realizar los pagos requeridos razonablemente. Aquí es donde la mayoría de las personas tienen problemas. Desde el punto de vista de flujo de efectivo, las personas adquieren más deudas de las que pueden asumir. De ahí provienen las estadísticas que hemos citado sobre la crisis de la deuda y los ahorros de los de EE. UU. Por cierto, tu porcentaje de deuda total de los activos debería ser mucho más bajos que los parámetros requeridos por los prestamistas. Solo porque tu banco te apruebe tomar prestado un montón de dinero basado en tu informe de crédito y situación financiera no significa que deberías hacerlo.

En tercer lugar, la clave para que el apalancamiento funcione a tu favor se determina por el costo del dinero que estas tomando prestado en comparación con la tasa de rendimiento esperada de la inversión que estas financiando. Si puedes pedir dinero prestado a un porcentaje bajo, para fines ilustrativos digamos un 6%, y recibes un rendimiento de la inversión a una tasa mayor que al 6%, técnicamente estas en una mejor situación porque recibes la diferencia entre ambas tasas. Esta es la razón por la que las grandes compañías piden fondos prestados y por lo que los bancos ganan fondos.

Por último y no menos importante, el determinante principal para conocer si una deuda es cobrable está basado en tu capacidad de autodisciplina. Este es un área donde todos tenemos que ser honestos con nosotros mismos porque no mucho de nosotros tenemos una gran autodisciplina. Si eres una persona que puedes utilizar la deuda como una forma de apalancamiento en lugar de comprar compulsivamente, entonces puede que te beneficie una deuda cobrable. Si este no es el caso, entonces has todo lo posible por mantenerte libre de deudas y no adquirir deudas en primer lugar. Irónicamente, si no tienes autodisciplina, lo más probable no podrás realizar exitosamente ninguna de las dos opciones.

Si con estos puntos la definición de "deuda incobrable" no es evidente, dejemos claro que la deuda de tarjetas de crédito con intereses altos utilizados para productos perecederos es un muy mal uso de la deuda, al igual que es el financiamiento de un automóvil completamente nuevo y a un precio excesivamente alto que deprecia significativamente en el momento que lo manejas fuera del concesionario.

La comprensión de las deudas cobrables e incobrables nos lleva a cómo el IUL nos puede ayudar con las deudas. Recordemos el Capítulo 3, *Encerar, Pulir,* donde discutimos que el arma secreta del IUL es la característica de los préstamos sobre pólizas. Hablamos de que, si has acumulado el valor en efectivo suficiente, eres capaz de pedir dinero prestado de tu póliza en cualquier momento, por cualquier razón sin ningún tipo de restricción. Más adelante discutimos cómo se cobraban los intereses a una tasa relativamente baja y como se compensaban con las ganancias de tu valor en efectivo. Por último, nos percatamos que no estas obligado a pagar tu préstamo. Si estos hechos te dejan estupefacto, tal vez quieras volver a leer el final de ese capítulo.

Con esto en mente, ¿no tendría más sentido tomar prestado de tu póliza que de un banco?

Piensa en esto un momento. Un banco toma fondos prestados a una tasa baja (por ejemplo, el 1% de la tasa de interés que ellos pagan en tu cuenta de ahorros) y te prestan estos fondos a través de tu hipoteca o tarjeta de crédito (hasta un 18%). Ellos se quedan con la diferencia del 17% (el 18% de ingresos por concepto de tarjetas de crédito — 1% de interés pagado de la cuenta de ahorros). No es de extrañar que puedan darse el lujo de plasmar su nombre en todos los grandes edificios de la ciudad.

El cálculo es bastante simple, en la gran mayoría de las circunstancias, estas mucho mejor si tomas prestado de tu póliza de seguro basada en tus propios activos que de un banco. Además, recuerda que, aunque es para tu beneficio, no estas obligado a pagar el préstamo de tu póliza, lo que te asistirá significativamente con el tema de flujo de efectivo que discutimos.

Además de la opción de préstamo, la característica más atractiva del IUL, es que es un seguro de vida y si falleces, le provee a tu familia un beneficio por causa de muerte. Este beneficio por causa de muerte, si se calcula correctamente, debe proporcionar el valor suficiente para eliminar las obligaciones de deudas de tu familia.

Debido a esta característica del préstamo y el beneficio por causa de muerte, *La navaja multiusos financiera* puede impactar o eliminar grandemente el Mata Sueños de las deudas. Sin embargo, como no puedes forzarte a tener autodisciplina y/o evitar deudas excesivas, solo recibirá una marca de cotejo parcial en nuestro cuadrante financiero.

FLUJO DE EFECTIVO

El flujo de efectivo, tal como lo definimos en el Capítulo 2, se centra en los ingresos y gastos personales. La diferencia entre estos dos factores equivale a la cantidad de dinero que tenemos para ahorrar, lo que, a su vez, es el propulsor principal para luchar contra todos nuestros Mata Sueños.

A muchos de nosotros nos ha sobrado "demasiados días del mes para el final de nuestro cheque" donde luchamos contra viento y marea para cubrir todas nuestras obligaciones mensuales. Mientras cursaba la universidad solía jugar un juego con mis amigos donde nos dirigíamos a un cajero automático para ver quien tenía menos balance. El que tuviera el balance más alto invitaba al resto de nosotros por unos tacos de 39 centavos de Taco Bell. Una de las veces el balance más bajo fue el mío, 19 centavos, y me emocione porque me proveyó una cena de Taco Bell, como adulto no es divertido enfrentar estos problemas. Desafortunadamente, como asesor financiero, veo mucho este desafío.

Para ganar en este juego de flujo de efectivo a largo plazo, tenemos que seguir un presupuesto, obtener ingresos adicionales y/o minimizar los gastos. Pero a corto plazo, es extremadamente útil tener algo de flexibilidad en nuestros gastos de ser necesario. Aunque los pagos de una prima a un IUL representan ahorros y gastos, hay gran flexibilidad en cuanto al monto que se debe asignar mensualmente a una póliza, lo que ayuda inmensamente con el flujo de efectivo. Como recordarás en el Capítulo 4, *La navaja multiusos financiera*, solo necesitas hacer un pago mínimo a tu póliza para mantenerla activa. Y, si has acumulado el valor en efectivo suficiente, puedes omitir los pagos completamente. Esta es una característica extremadamente beneficiosa para aquellos con ingresos variables, pero a la vez es bueno en aquellos momentos que se requiere fondos adicionales para cubrir los gastos no presupuestados o emergencias.

Debido a la flexibilidad de los pagos en el IUL, el flujo de efectivo recibe una marca de cotejo parcial en nuestro DKRQ. Por mucho que queramos creer que un producto puede resolver este problema, ganar el juego de flujo de efectivo se reduce a tu capacidad para producir ingresos y manejar tus gastos.

Un consejo sobre el Seguro de Vida Universal Variable

El seguro de vida universal variable (VUL, por sus siglas en inglés) es el predecesor del IUL en la industria. Típicamente el VUL ofrece los mismos beneficios que un IUL, pero se diferencia en el componente de ahorros. En lugar de que tu cuenta de valor en efectivo esté vinculado a los índices, el VUL ofrece una opción de inversión similar a un fondo mutuo llamada, cuenta separada. Estas opciones de inversión técnicamente no son fondos comunes de inversión, sino que, en realidad, actúan de la misma manera. En estas cuentas puedes elegir diferentes tipos de fondos en las que puedes invertir, administrados por corredores de divisas profesionales.

El lado positivo del VUL es que tienes más opciones desde el punto de vista de inversión y no está limitado por los topes de rendimiento del mercado. El lado negativo es que los corredores de divisas profesionales rara vez sobrepasan los índices durante un largo período de tiempo y el

VUL no tiene una protección garantizada contra las caídas de la bolsa de valores que el IUL ofrece. Debido a esta característica, soy un gran defensor del IUL, pero creo que el VUL es un gran producto para aquellos que tienen tolerancia a altos riesgos y que creen en la estrategia de manejo activo de carteras. Pero si te digo que debes tener cuidado con estos productos cuando el mercado caiga dramáticamente porque no solo afecta el balance de tu cuenta, sino que también puede poner tu póliza en riesgo de caducarse si no se agregan fondos adicionales (primas) para compensar la pérdida del mercado. En resumen, un VUL puede ser considerado una *Navaja multiusos financiera*, pero uno con menos herramientas.

CONCLUSIÓN DEL CII

Desde el punto de vista de riesgos financieros, *La navaja multiusos financiera* es altamente efectivo para vencer los Mata Sueños al proporcionar protección contra la Inflación, el riesgo de mercado, los impuestos sobre ingresos y el riesgo de liquidez, mientras que les brinda una buena batalla a las deudas y al flujo de efectivo.

CAPÍTULO 7
CIII, LA ORACIÓN DE LA SERENIDAD (RIESGOS AMBIENTALES)

"Dios concédeme la serenidad, para aceptar las cosas que no puedo cambiar; el valor para cambiar las cosas que sí puedo y la sabiduría para reconocer la diferencia".

— Reinhold Niebuhr

Una oración común en la fe cristiana es la "Oración de la serenidad". Nos ayuda a reconocer que por más que queramos tener el control, hay ciertas cosas sobre las que no tenemos control. El no tener el control puede significar que no podemos evitar que algo suceda; sin embargo, podemos intentar manejar y mitigar sus consecuencias. Por ejemplo, no podemos controlar los huracanes que impactan nuestra casa, pero podemos colocar tormenteras, remover cualquier artefacto que pueden volar alrededor, asegurarnos de comprar una casa en terreno elevado, etc. (¿Te percataste que soy de Florida?) Aunque podemos decir que este concepto se aplica a todos nuestros Mata Sueños en el Cuadrante de Riesgos Ambientales, nos estamos refiriendo a aquellos riesgos en nuestro entorno externo, provocados por personas y/o eventos aparte de nosotros mismos. A pesar de estar fuera de nuestro control, estos eventos pueden tener resultados devastadores.

Como nota adicional, si aún no es evidente, cuando decimos "ambiental" no nos referimos al océano y a los árboles, sino a aquellas cosas de la vida que pueden ocurrir sin ningún tipo de control de nuestra parte.

CUADRANTE III – RIESGOS AMBIENTALES

En el cuadrante de riesgos ambientales, vemos cuatro riesgos generales que pueden ser Mata Sueños. Cada uno de estos riesgos puede tener alguna variación de acuerdo con sus circunstancias. Por ejemplo, la pérdida de empleo puede deberse a que alguien fue despedido o suspendido. Ambas circunstancias son razones para la pérdida de empleo, pero se pueden manejar en distintas maneras. Esta es una distinción sumamente importante cuando evaluamos nuestro método de mitigación y determinamos si el IUL puede ayudarnos.

Emergencias

Por definición, las emergencias son situaciones urgentes e imprevistas que interrumpen nuestra rutina diaria. La magnitud de estos eventos puede variar enorme y técnicamente, podemos considerar varios de los otros Mata Sueños como emergencias (por ejemplo, una enfermedad crítica). No obstante, para nuestros propósitos, consideramos las emergencias como algo a menor escala. Cosas como un diente roto, un neumático vacío, pagar por el deducible de un seguro o reconstruir el ligamento cruzado anterior (LCA) desgarrado de tu mascota. Estos son eventos en los que nunca pensamos ni imaginamos que ocurran, pero por suerte, a veces nos ocurren a todos.

Aunque estos riesgos no son los que típicamente causan la bancarrota, a menudo son los que nos conducen a gastos mayores y tener un efecto espiral que lleva a un costo mucho mayor. Por ejemplo, tal vez ignores un pequeño problema mecánico em tu automóvil por falta de dinero, y ese problema ocasiona que el motor de tu auto explote completamente, haciéndolo inservible. Cómo dice el dicho, un pequeño agujero hunde un barco.

Uno de los tres pilares de la planificación financiera es tener un fondo de emergencia para estas emergencias imprevistas. La cantidad especifica variará según tus circunstancias, pero típicamente un umbral de $1,000 dólares es una buena meta para establecer para nuestro fondo de emergencia. Esta es la cantidad que le ocasiona dolor a casi toda la población si se llegase a necesitar inesperadamente.

Según una encuesta realizada por GOBankingRates en el 2017, más de la mitad de los estadounidenses (57%) tienen menos de $1,000 dólares en sus cuentas de ahorros.

El dinero destinado para tu fondo de emergencia debe tener dos requisitos. El primero es que sea líquido y el segundo es que no estará sujeto a ningún tipo de pérdida de inversión.

Debido a estos requisitos, la mayoría de las personas solo depositan su dinero para emergencias en sus cuentas de ahorros bancarias. Aunque esta cuenta cumple con tales requisitos, la desventaja es que paga poco o ningún interés y, en ocasiones, el dinero puede ser "demasiado líquido" en el sentido de que puede tentarnos a moldear la definición de emergencia. No, comprar una televisión nueva HD de 70 pulgadas no es una emergencia porque vas a tener una fiesta del Super Bowl y tus invitados no podrán ver cómodamente el partido en tu televisor de 50 pulgadas.

Si se financia apropiadamente, el IUL puede ser un buen vehículo para tu fondo de emergencia. Tal como el banco, la compañía de seguro te garantiza que no perderás dinero debido al riesgo de inversión en tu cuenta de efectivo. Pero a diferencia del banco, el IUL también te ofrece la oportunidad de obtener una tasa de rendimiento más alta basada en un interés vinculado al índice del mercado para que puedas aumentar tus fondos y mantenerte al tanto con la inflación.

Desde el punto de vista de liquidez, un IUL no es tan líquida como una cuenta de ahorros bancaria, pero la mayoría de las compañías pueden procesar un retiro o préstamo dentro del plazo de una semana. Este período de tiempo debería ser lo suficiente para la mayoría de las emergencias y es el tiempo necesario para evitar caer en nuestras emergencias impulsivas como el Super Bowl.

Antes de depositar tus fondos para emergencias en un IUL, es extremadamente importante comprender las políticas de liquidación de las aseguradoras y confirmar que tienes el valor de rescate en efectivo suficiente para satisfacer tus necesidades. Si para este punto nada de esto te hace sentido, lo comprenderás una vez finalices el libro cuando cubramos otro material, como maximizar el financiamiento de tu póliza.

Debido a la capacidad de un IUL para satisfacer las necesidades de un fondo de emergencia y proporcionar beneficios superiores a una cuenta de ahorros bancaria, el riesgo de emergencias obtiene una marca de cotejo en el cuadrante de riesgo ambiental.

Asuntos legales

No hay una buena manera de decirlo: ¡los problemas legales son funestas! Se que muchos de ustedes entienden esto íntimamente. La mayoría de las personas no se dan cuenta que los costos legales (juicios, acuerdos, honorarios) pueden acumularse tanto como las facturas médicas, mayormente si no cuentas con la protección de un seguro.

Aunque es tentador, no atormentaré a los abogados aquí (varios de mis mejores amigos son abogados), pero sí expresaré que no puedo pensar en una estructura menos sinérgica que la industria legal. Particularmente, hay un conflicto de intereses cuando se trata de los honorarios. A pesar de que es para tu mejor interés minimizar el tiempo que dedica tu abogado en tu asunto legal, la meta de los abogados es obtener la mayor cantidad de horas de facturación posible para maximizar sus ingresos. Además, los abogados pueden monitorear su tiempo sin tu supervisión directa.

De acuerdo con lawyers.com, un abogado promedio cobra entre $100 y $400 dólares por hora basado en la experiencia y el área geográfica. Según nuestras discusiones previas sobre los fondos de emergencia, no se necesita ser un genio en matemáticas para darse cuenta de que los gastos legales pueden ser un Mata Sueños nocivo.

Puedes estar pensando que tu no vives en círculos donde lo más seguro estés involucrado en un asunto legal, pero los estudios muestran que más de 16 millones de demandas civiles se presentan cada año solo en tribunales estatales, el cual hace sentido considerando que los EE. UU. tiene el mayor índice de abogados per cápita (300:1) que cualquier otro país en el mundo. (Economic Journal)

No soy un abogado y este libro no provee asesoría legal. Sin embargo, como asesor financiero te diré que el riesgo de asuntos legales es real y uno en el que debes pensar.

Hay varios planes de suscripción legal, de los cuales puedes considerar, que he encontrado ser de gran valor, pero la mejor recomendación que puedo darte es el protegerte ANTES de tener asuntos legales, asegurándote que revises todos los documentos legales antes de firmarlos y/o asegurándote que tengas asesoría legal apropiada antes de encaminarte a una nueva aventura o hacer un compromiso sustancial. No cabe duda de que un IUL tiene muchos beneficios, pero no te equivoques, este no te protegerá de asuntos legales.

Sin embargo, habrás notado que hay una marca de cotejo parcial (guion) en nuestra ilustración del cuadrante de riesgo ambiental junto a asuntos legales, que sugiere que el IUL solo te protege contra los riesgos legales parcialmente. Déjame explicarte el porqué de este doble razonamiento. Primero, debido al aspecto líquido del valor en efectivo, el IUL es un buen instrumento para acumular y acceder fondos en apoyo de asuntos legales. Un fondo mutuo de emergencia a gran escala, por así decirlo. La segunda razón es más significativa cuando incluimos la idea de protección de acreedores bajo el riesgo de asuntos legales.

Una característica que a menudo se pasa por alto del seguro de vida universal indexado es la protección de acreedores. A pesar de que esta protección varia de estado a estado, generalmente los acreedores son limitados en su capacidad de recuperar juicios del valor en efectivo de tu seguro de vida. Este beneficio se vuelve especialmente atractivo para aquellos que tienen ocupaciones de alto riesgo como los médicos o contratistas. Nuevamente, este libro no proporciona asesoramiento legal, y deberías consultar con tu asesor legal; pero por causa de esta característica, el IUL recibe crédito parcial en el manejo de riesgo de asuntos legales.

Te diré que normalmente una póliza de IUL pierde su protección de acreedores si se establece después de un juicio, por lo que sales mejor si obtienes una póliza en la etapa inicial de la implementación de tu plan financiero.

Economía deficiente

Para aquellos de nosotros que hemos vivido una recesión, entendemos lo desafiante que puede ser este momento. Son tiempos de gran incertidumbre donde las compañías se reestructuran y despiden empleados, la bolsa de valores se desploma causando que tus cuentas pierdan valor, los valores de las viviendas caen, los precios se vuelven volátiles, y un sentimiento general de pesimismo se vuelve prevalente, lo que genera un gran estrés para todos. Por más que el gobierno intente administrar estos períodos con políticas fiscales y monetarias, la realidad es que las recesiones no pueden evitarse. Por la razón que sea, la economía naturalmente se desploma cada 10 a 15 años. No es cuestión de "sí" ocurre la recesión, sino de cuando ocurrirá la próxima.

La navaja multiusos financiera ayuda a una economía deficiente de dos maneras: financiera y emocionalmente. Financieramente, una póliza de un IUL te ofrece muchas herramientas para navegar a través de una recesión al tener la capacidad de acceder el bajo costo de fondos adicionales si es necesario, protección de pérdidas del mercado, pagos flexibles de primas y préstamos de bajo costo. Desde una perspectiva emocional, es igualmente poderoso en que te proporciona la confianza de saber que no dependes de un patrono para obtener los beneficios de seguro de vida y que tienes un "margen" para los posibles efectos de una economía deficiente, si es necesario.

Mientras que no hay una protección infalible contra una economía deficiente, el IUL proporciona opciones flexibles para mitigar los efectos, y, por lo tanto, obtiene una marca de cotejo parcial.

Pérdida de empleo

La pérdida de empleo puede ser uno de los eventos más estresantes en nuestras vidas. Desafortunadamente, el enfoque en la tecnología y por la economía global en la que vivimos hoy en día, tienes una alta probabilidad de experimentarlo en algún dado momento. *La navaja multiusos financiera* no te protegerá contra la pérdida de trabajo, pero puede ayudarte con algunos efectos secundarios. No obstante, pensé que sería beneficioso compartir algunas ideas que podrían ayudarte si alguna vez te encuentras en una situación similar.

Algo muy importante que debes tener en cuenta es asegurarte de no poseer muchas acciones de una compañía, si eres empleado de una compañía que cotiza en la bolsa de valores. Es muy común que los patronos promocionen acciones de la compañía entre sus empleados. Frecuentemente, existe una presión política tácita de poseerlo también. El mensaje puede ser expresado como "Si crees en la compañía, entonces invertirías en ella". Esta idea no es completamente altruista para muchas compañías, sino más bien una manera de incrementar el precio de resistencia, en el que los ejecutivos suelen recibir compensaciones.

Sin embargo, el desafío para el empleado es cuando la compañía experimenta una recesión y los empleados son despedidos por una "reestructuración". Por consiguiente, las acciones de la compañía se desploman y el empleado recibe un doble golpe al perder sus ingresos y arrasar con su plan 401(k).

El ejemplo más dramático que he visto de esta situación es el caso de Enron. Un programa de televisión nacional destacó una pareja que trabajaba para Enron. Cuando la compañía se declaró en bancarrota por fraude, ambos perdieron sus empleos y, para poner sal a la herida, el plan de jubilación de ambos fue eliminado porque estaban 100% invertidos en las acciones de la compañía. Moraleja: no coloques tu plan de jubilación y los sueños de tu familia en las manos de tu patrono.

No solo sugiero que diversifiques tu plan de jubilación, sino también diversificar tu fuente ingresos. Ya sea que tu cónyuge busque empleo con una compañía o tengas tu tengas un negocio aparte, es buena idea diversificarse.

Un último punto que sorprende a muchas personas es: cuando dejas un patrono, voluntaria o involuntariamente, tus beneficios cesan con esa compañía. A pesar de que esto es evidente para muchos, lo que las personas no entienden es que puede ocurrir un gran problema con el seguro de vida colectivo y tu plan 401(k).

Generalmente, los seguros de vida colectivos te permiten convertir tu póliza de empleo a una póliza personal tras el término de tu empleo. Aquí está el truco: típicamente solo puedes convertir una póliza a una póliza permanente solo los que ellos seleccionen y te ofrezcan (no un IUL) que requiere fondos adicionales y puede que no satisfaga tus necesidades en función de tus objetivos y estrategia. Además, si en su lugar decides comprar una póliza privada, es posible que no seas asegurable por razones de salud o puedes enfrentarte a tarifas relativamente altas.

Tú plan 401(k) puede ser una gran píldora venenosa si tienes un préstamo pendiente. Algunos planes requieren que les pagues cualquier saldo de préstamo pendiente al momento de la terminación o si tienes menos de 59 años y medio, considerarlo como una distribución completamente gravable junto con las penalidades. Por lo tanto, si pediste prestado $20,000 dólares de tu plan 401(k) para el pago inicial de tu casa y tu empleo llego a fin, tienes dos opciones: encontrar $20,000 dólares en efectivo para pagar el préstamo o aceptar los $20,000 dólares como distribución y pagar los impuestos y sanciones correspondientes.

Si compró un IUL privado, no tienes que preocuparte por tener un seguro de vida al cesar tus labores ni tampoco preocuparte por pagar un préstamo sobre póliza, mucho menos sanciones e impuestos. En el Capítulo 11 discutiremos más sobre las trampas de los planes 401(k)

Aunque *La navaja multiusos financiera* no puede protegerte de la pérdida de empleo, puede hacer que el evento sea más manejable y aliviar algunos de los desafíos posteriores al empleo.

CONCLUSIÓN DEL CIII

A pesar de que no podemos controlar el riesgo ambiental, *La navaja multiusos financiera* puede ayudar a mitigar los efectos de una emergencia si se financia apropiadamente. En algunas circunstancias, puede proporcionarte asistencia en cuanto a asuntos legales y economía deficiente, pero definitivamente no te protegerá en contra de pérdida de empleo. Desde el punto de vista emocional, se puede argumentar que te ayuda a generar una sensación de seguridad y comodidad para cada riesgo.

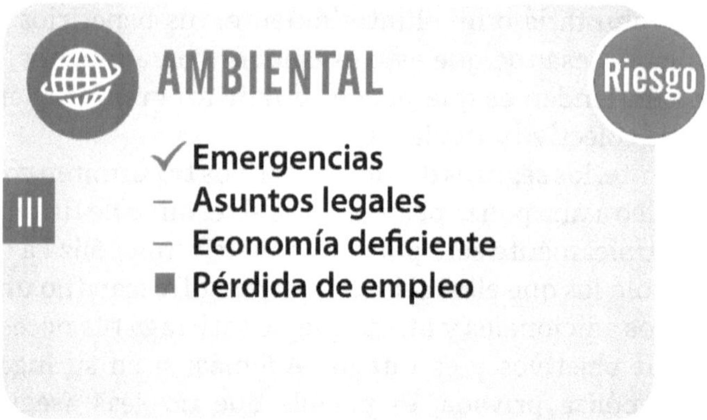

CAPÍTULO 8
CIV, ES PERSONAL
(RIESGOS PERSONALES)

"Si pudieras patear a la persona responsable de la mayoría de tus problemas, no podrías sentarte en un mes".

— Theodore Roosevelt

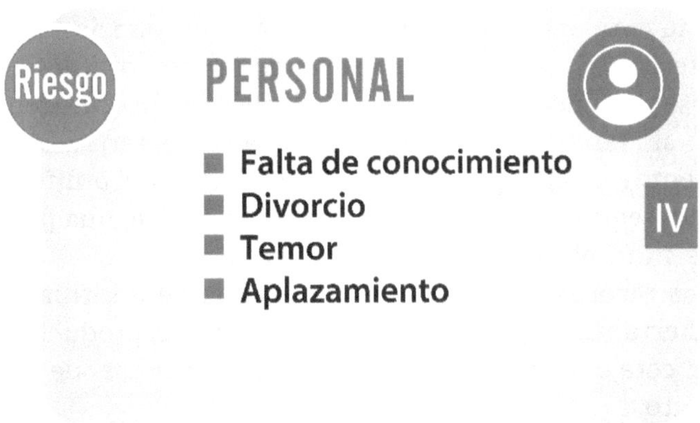

CUADRANTE IV – RIESGOS PERSONALES

Falta de conocimiento

Estoy seguro que ya has notado que soy un gran defensor de la educación. Creo que el aprendizaje es un proceso de toda la vida y que debemos buscar conocimientos de manera constante. Además, debemos de agilizar nuestras destrezas de pensamiento crítico para escudriñar la información y sacar nuestras propias conclusiones. Elon Musk se refiere al pensamiento crítico como "la habilidad de no ser engañado".

Desafortunadamente, como estadísticamente he señalado a través del libro, la gran mayoría de los estadounidenses simplemente carecen de conocimientos financieros. Nuestra sociedad no enseña finanzas personales en la escuela y los profesionales financieros tradicionales ignoran a la mayoría de la población. Sin embargo, aquí están las buenas noticias.

En el mundo tecnológico de la actualidad, hay pocas excusas para la falta de conocimiento. Tenemos acceso a más información en nuestros teléfonos celulares que las grandes bibliotecas del mundo. Podemos acceder a la información en cualquier momento, en cualquier lugar, en múltiples formatos en cuestión de segundos. Sin embargo, sabemos que no toda la información es precisa, he aquí donde nuestras destrezas de pensamiento crítico son más importantes que nunca.

No hay manera de que alguna vez leas un libro de finanzas y te convertirás en un experto en finanzas. Tampoco es mi intención hacerte un experto escribiendo este libro. No obstante, creo que este libro puede brindarte una comprensión sólida de los fundamentos de las finanzas personales. Y, si lo vienes a ver, el producto *La navaja multiusos financiera* te ayudará aún más con esta base de conocimientos, ya que sus características te ayudan a comprender importantes conceptos financieros y reducen la plétora de información que tendrías que acumular si tendrías que buscar cada característica de forma independiente (por ejemplo, la inversión en índices, el punto máximo de pérdidas, un seguro de vida, una enfermedad crítica, una protección de acreedores, minimización de impuestos, etc.).

Por estas razones, creo que la combinación de información de este libro y las herramientas financieras provistas por el producto ganan una marca de cotejo completa contra el Mata Sueños de la falta de conocimiento.

Divorcio

Ya sé lo que estás pensando. Estas preguntándote por qué hablaría sobre el tema del divorcio en un libro de finanzas y cómo te ayudaría un producto financiero. La razón por la que incluyo este problema es porque es una realidad que muchas personas enfrentan, y, como aprendimos en el Capítulo 2, puede ser financieramente devastador. Según Forbes, el costo promedio de un divorcio es entre $15,000 y $30,000 dólares. Realmente este puede ser un Mata Sueños de muchas maneras significativas.

En cuanto a cómo el IUL combate el divorcio, ¡no puede! Al menos no directamente. Sin embargo, consideraría una exageración el sugerir que los hábitos desarrollados y las acciones tomadas para establecer un IUL definitivamente pueden ayudar a un matrimonio. Te explicó.

En primer lugar, creo que el comprar un seguro de vida es un gran acto de amor. Es una demostración de que uno estas dispuesto a sacrificar recursos que podrían ser utilizados para tu propia satisfacción para beneficiar a alguien más que a ti. Cuando compras un seguro de vida, estás haciendo la declaración de que "Te amo tanto que quiero asegurarme de que puedo cuidarte hasta cuando no pueda estar contigo". ¿Alguna vez has escuchado una oración tan romántica? Okay, tal vez no sea algo que verías en una película, pero entiendes el punto.

Por el contrario, al no tener seguro de vida, ¿no estás haciendo una declaración tácita de que realmente no te importa lo que le pase a los demás si falleces? Después de todo, no te afectaría a ti porque ya no estas presente. Por cierto, ¿no es gracioso que típicamente las sentencias de divorcios declaran que un excónyuge debe obtener y mantener un seguro de vida, pero que este no es requerido mientras estás casado?

Aunque todavía pueda parecer una exageración para ti, considera una encuesta de Citibank que encontró que el 57% de las parejas divorciadas citaron que la razón principal de terminar con su matrimonio fue por problemas monetarios. Al definir sueños y objetivos financieros conjuntamente, establecer un fundamento financiero y desarrollar el hábito de ahorrar y administrar sus finanzas, afirmo que *La navaja multiusos financiera* puede ayudar tu matrimonio significativamente, no directamente sino indirectamente. Debido a esto, el divorcio obtiene una marca de cotejo parcial en nuestra gráfica.

Temor

En la película animada de DreamWorks Animation, Los Croods, una familia prehistórica pasa años refugiada en una cueva oscura y estéril en constante temor del mundo exterior fuera de su entorno inmediato, solo para encontrar al final, un valle vasto, abundante y fructífero. El experimentar temor te paraliza. Es posible que sea el Mata Sueños más poderoso de todos. Te roba tiempo y te quita la vida lentamente. Te impide invitar a salir a ese(a) joven atractivo(a) de la escuela superior, viajar a las vacaciones de tus sueños en Australia, compartir tus talentos frente a una gran audiencia o comenzar tu propio negocio. Por vivir con temor, no vivimos la grandiosa vida que Dios nos dio.

De hecho, los sociólogos han identificado que los humanos nacen solo con dos temores, temor a las caídas y temor a ruidos fuertes. Esto significa que todos los otros temores del que perdemos nuestro preciado tiempo preocupándonos nos lo son enseñados en algún momento. Por supuesto, varias de estas lecciones son extremadamente valiosas y que salvavidas (como no saltar encima de un caimán salvaje), pero otras lecciones que aprendemos son solo cuentos de viejas o información imprecisa.

Por ejemplo, creemos que un empleo nos brindará seguridad, cuando, en realidad, el promedio de permanencia en un empleo es de 4.7 años actualmente. Este es una conversación para otro libro (pista), pero el punto es, si el temor se aprende también puede ser "borrado de la memoria". La clave para superar el temor es educarte y comprender los hechos de un problema o situación. En mi experiencia, el temor de no saber algo de una amenaza potencial es mucho peor que el problema en sí.

Definitivamente no declararé que el IUL puede arreglar cualquier temor que tengas. Eso sería una tontería y carecería de todo razonamiento creíble, pero si sugiero que tener una estrategia financiera implementada y tener la tranquilidad de poseer un seguro de vida, te ayuda a superar algunos de los temores. Ya no tendrás que preocuparte de lo que pueda sucederle a tu familia si tu o tu cónyuge fallecen. No tendrás temor de perder todos tus ahorros de vida en un desplome de la bolsa de valores. No te preocupará el no tener acceso a tus fondos en caso de una emergencia. No tienes que temer que los acreedores te quiten los ahorros de tu seguro de vida (de acuerdo con el estado de residencia). No te preocupará si los impuestos y la inflación se arranquen parte de tus fondos de jubilación. Y si pierdes tu empleo, no te preocupará el perder tu seguro de vida.

En cuanto a lanzarte de un avión con paracaídas o invitar al joven o a la joven atractivo(a) a salir, el IUL no te ayudará con estos temores (la película de los Croods podría), pero debido a la tranquilidad que adquieres de un IUL, le daremos una marca de cotejo parcial al Mata Sueños de Temor.

"No dejes que el miedo a poncharte se interponga en tu camino".

— Babe Ruth

Aplazamiento

Todos tenemos dificultad con el postergar las cosas ocasionalmente. He encontrado este particularmente cierto cuando se trata del tema de financiero. *La navaja multiusos financiera* no puede ayudarte con el aplazamiento, solo tú puedes hacerlo. Sin embargo, tal vez pueda animarte un poco mostrándote el precio por continuar aplazando las cosas. Sí, el aplazamiento tiene un precio y, por lo general, una costosa. Este precio es la razón por la que se le considera un Mata Sueños.

Si inviertes $2,400 dólares este año ($200 dólares mensuales) y pudieras obtener un 8% de interés anualmente, tendrías $24,150 dólares en 30 años. Pero si lo aplazas por solo un año, esos mismos $2,400 dólares tendrían un valor de $22,361 dólares (29 años después). Esto quiere decir que por aplazar tu inversión solo un año, te costó $1,788 dólares, casi $5 dólares diarios.

Tal vez el punto más importante es no asumir que tienes todo el tiempo del mundo. Es difícil relacionarse con esta idea cuando eres joven pero cuando (y sí) llegas a mediana edad, esto se vuelve más evidente a medida que comienzas a perder viejos amigos y familiares. De hecho, eso mismo sucedió con la producción de este libro. El editor original de este libro, un gran amigo mío de la infancia falleció a sus 47 años.

Si aprendes algo de este libro, mi esperanza es que te motives a no dejar que tus temores te controlen, el no aplazar las cosas y que persigas tus sueños sin importar las herramientas financieras que utilices.

CONCLUSIÓN DEL CIV

Finalmente, los riesgos personales son aquellos riesgos que solo debes manejar tú mismo. No hay ningún producto o fórmula mágica para el éxito. Aunque en ciertos casos puede ser un poco exagerado, *La navaja multiusos financiera* puede ser una herramienta útil para ayudarte con la falta de conocimiento, el divorcio y temor, pero claramente, si no tomas las debidas medidas necesarias y continúas aplazando las cosas, esta herramienta no te ayudará a luchar contra cualquier Mata Sueños.

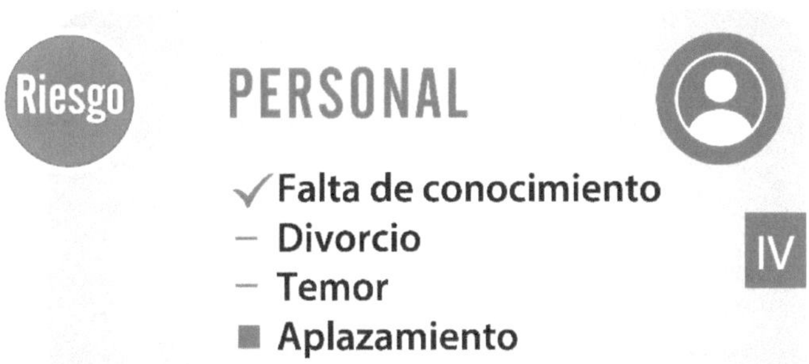

CAPÍTULO 9
¡JAQUE MATE, LISTA DE COTEJO!

"¡La sinergia es lo que pasa cuando uno más uno es igual a diez o a cien o incluso a mil!"

— Stephen Covey

Para aquellos de ustedes que utilizaron CliffsNotes en su día (ahora SparkNotes para la generación del milenio), este capítulo es para ti. Para este punto del libro deberías tener una comprensión sólida de lo siguiente:

- Los desafíos financieros severos que enfrenta nuestra sociedad debido a la economía moderna, la mala administración gubernamental y la falta de educación financiera básica.
- Las personas se han visto forzadas a ser más responsables y astutas financieramente por su propia seguridad financiera debido a la pérdida de las pensiones tradicionales, volatilidad laboral y la inestabilidad de los impuestos y el Seguro Social.
- Los asesores financieros tradicionales ayudan a los ricos en su educación de conceptos financieros, pero ignoran a la clase media.
- El seguro de vida no es solo un seguro para tu vida. Con el paso del tiempo ha evolucionado para añadir todo tipo de beneficios incluyendo asistencia con enfermedades críticas, crónicas y terminales, protección de acreedores, evitar los trámites testamentarios, ventajas fiscales, cobertura de riesgo para la inflación, protección contra pérdidas en la bolsa de valores, préstamos favorables, liquidez y flexibilidad de flujo de efectivo, por nombrar solo algunos.
- El seguro de vida universal indexado combina múltiples herramientas financieras sinérgicamente en una sola super herramienta para servir como fundamento financiero para individuos y familias por igual.

Ya que hemos identificado como *La navaja multiusos financiera* aplica a todos los Mata Sueños individualmente, hagamos una revisión de alto nivel para ver el poder del seguro de vida universal indexado.

Si recuerdas la introducción, hice varios comentarios sobre *La navaja multiusos financiera*:

1) El objetivo principal de este libro es hacer de lo "complejo" simple.
2) *La navaja multiusos financiera* no es adecuado para todos... pero declaro inequívocamente, que es una de las herramientas financieras más poderosas que jamás se haya diseñado para ayudar a las familias a construir un fundamento financiero sólido.

En términos de simplificación, espero haber hecho un buen trabajo al definir cada riesgo individualmente y demostrar cómo se maneja (o no) el riesgo por *La navaja multiusos financiera.* Sin embargo, la realidad es que se requerirá más que una simple lectura para recordar todos los detalles. Aún no he conocido a nadie (incluyéndome) que haya sido capaz de retener todos los detalles de un IUL con solo una introducción. Incluso sería un reto para aquellos con una aptitud financiera alta el recordar todas las complejidades durante un par de meses. El Dream Killer Risk Quadrant™ (DKRQ o Cuadrante sobre los riesgos ocasionados por los Mata Sueños) será un buen recordatorio visual para que recuerdes los conceptos. Y, por supuesto, puedes hacer referencia a cada riesgo individualmente rápidamente en el libro para refrescar tu memoria.

Al repasar el DKRQ, vemos que hay muchas marcas de cotejo como también marcas parciales. Hemos identificado 19 Mata Sueños en total y los categorizamos en cuatro tipos de riesgo: Físico, Financiero, Ambiental y Personal. De estos 19 Mata Sueños, *La navaja multiusos financiera* eliminó o mitigó significativamente nueve riesgos y tuvo un impacto positivo en siete de ellos. En total, el uso apropiado del Seguro de vida universal indexado puede ayudarte a alcanzar tus sueños contribuyendo positivamente a 16 de los 19 riesgos (84%).

La comprensión de todos los beneficios que ofrece el Seguro de vida universal indexado proporciona todo lo necesario para vencer los Mata Sueños, la pregunta que uno debería hacerse no es "¿Por qué debo usarlo?" sino "¿Por qué NO debería usarlo?".

Pensemos en la alternativa de no utilizar un IUL para tu fundamento financiero. La primera opción, que por desgracia veo con mucha frecuencia es no hacer nada. Como hemos discutido, solo tú puedes derrotar el Mata Sueños del Aplazamiento. Simplemente, no es una opción no ser intencional en tomar el control de tu futuro si realmente deseas lograr tus sueños. Cuando las personas me piden que compare una estrategia financiera con otra, por supuesto que tengo mis opiniones al respecto, pero a fin de cuentas les comparto que es mucho más importante las medidas tomadas por las personas que la misma estrategia a implementarse. Discutiremos esta idea más adelante.

La otra opción es utilizar múltiples herramientas para manejar todos los Mata Sueños. Con esta opción, pierdes todos los atributos sinérgicos del Seguro de vida universal indexado. Continuando nuestra metáfora de la navaja multiusos, necesitarías obtener todas las herramientas que *La navaja multiusos financiera* ofrece individualmente. Esto puede incluir (pero no se limita a) la compra de un seguro de vida a término, obtener elementos suplementarios para enfermedades críticas y crónicas, invertir en un fondo mutuo de inversiones, la implementación de técnicas de punto máximo de pérdida, obtener una línea de crédito de un banco, el uso de cuentas de jubilación individual (IRA, por sus siglas en inglés), anualidades, cuentas de ahorro y crear documentos legales para diversas preocupaciones (por ejemplo, trámites testamentarios, protección de acreedores, planificación patrimonial). Es como si separarás todas las herramientas de tu navaja multiusos y las colocarás en tu bolsillo. Imagínate cargar y mantenerte al tanto de un destornillador, unas tijeras, pinzas, sacacorchos, abre latas, etc. Definitivamente no sería lo más conveniente, ¿verdad? Y en ciertos casos, no puedes duplicar los beneficios que te brinda un IUL con otros productos.

Existen algunos argumentos válidos en contra del uso del Seguro de vida universal indexado basado en tus objetivos y circunstancias. Las razones más comunes incluirían la falta de asegurabilidad debido a la salud precaria y a la edad avanzada sin beneficiarios. No obstante, cualquiera que sea la razón es importante que entiendas los hechos desde el punto de vista de mercadeo. Como veremos en el próximo capítulo, hay muchas personas motivadas para promover otros conceptos financieros. Aunque muchos de los argumentos en contra de un IUL son automotivados pienso que las críticas válidas son buenas de muchas maneras. So ni fuera por las críticas e ideas competitivas, las estrategias financieras nunca evolucionarían. No tendrían la necesidad de optimizar ni ofrecer los tremendos beneficios que tenemos hoy día.

Ahora que entendemos el poder del IUL, revisaremos lo que dicen algunos críticos al respecto, veremos cómo se puede aplicar el producto a situaciones empresariales y como implementarlo para alcanzar nuestros objetivos. ¡No dejes de leer todavía! Ahora viene lo bueno.
Estadísticas para recordar:

- Desde sus comienzos en el 2006 hasta el 2016, las ventas de la industria han aumentado de un 3% a un 21%. (LIMRA)
- Mientras que los ricos representan sólo el 10% de la población, estos constituyen casi la mitad de la utilización del mercado. (Reserva Federal, Fed)
- A medida que las riquezas aumentan también lo hacen sus activos. Mientras que el 16.7% de los hogares menos pudientes son prósperos, el 40.5% de los hogares ricos lo son. (Reserva Federal: Menos pudientes equivale a menos de $250,000 dólares en activos)

CAPÍTULO 10
LOS OPOSITORES

"La mente es como un paracaídas, solo funciona si se abre".

— Frank Zappa

Creo que tener una buena educación y una mente abierta son la clave para la mayoría de las cosas en la vida. Nunca evito compartir con las personas los aspectos negativos de un producto o una estrategia. De hecho, me gusta ser desafiado porque me da la oportunidad de educar a los demás y de aprender cosas nuevas. Le tengo tanta confianza al IUL que creo que cuando una persona imparcial sopesa los pros y los contras de las ventajas y el valor de este, también llegará a la misma conclusión favorable sobre sus beneficios.

Aunque soy un defensor apasionado del Seguro de vida universal indexado, hay muchos opositores que están en desacuerdo conmigo. Y aunque aprecio un buen debate académico y honesto, aún no he sido capaz de encontrar un argumento valioso y neutral que apoye sus afirmaciones. A primera instancia, algunas acusaciones parecen ser razonables, pero cuando se profundiza en los detalles, casi siempre hay una caracterización errónea de los factores o algún tipo de interés personal envuelto.

Mientras que algunas críticas son válidas, les aseguro que el IUL les ocasiona nervios a algunas personas por su falta de conocimiento o de interés. De hecho, muchas compañías de gran escala se construyeron sobre la premisa de utilizar productos alternativos y tendrían que cambiar todo su modelo de negocio si adoptarán el IUL. Hasta se refieren al valor en efectivo como un seguro de "valor chatarra". El desafío para ellos es que sus argumentos en contra de las pólizas de valor en efectivo se desarrollaron hace décadas y ya no son válidos, ya que los productos han evolucionado para incluir características y beneficios adicionales. Graciosamente, el IUL ni siquiera fue presentado al público hasta hace poco más de una década, pero estas mismas compañías tratan de aplicar los mismos viejos argumentos que utilizaron en la década de 1970.

En este capítulo analizaremos algunas de las críticas más populares de las pólizas de valor en efectivo (que a menudo, se aplican erróneamente al IUL) y varios de los razonamientos detrás de estas declaraciones.

FALTA DE CONOCIMIENTO

Comúnmente, el punto que comparten todos los opositores es la falta de conocimiento. Para ser justos, el IUL ES complicado (de ahí el propósito de este libro). Además, te sorprendería la falta de conocimiento que tienen los supuestos expertos financieros con respecto al IUL. Esto incluye contadores, abogados, corredores de divisas, agentes de seguros, y claro, los gurús financieros en la televisión y la radio. Esto no es para criticar a estos profesionales, sino simplemente para afirmar que cuando hacen comentarios sobre el IUL, las declaraciones son a menudo erróneas.

Por ejemplo, el uso del término Valor en efectivo para discutir solo el IUL es un indicador clave de que no tienen comprensión del tema. Después de todo, el valor en efectivo (también conocido como seguro de vida entera) podría referirse a los seguros de vida entera, variable, universal o universal indexado, todas ellas con diferentes características y beneficios.

MENTE CERRADA

Las prácticas financieras pueden ser como muchas cosas en la vida donde puedes establecer una mente cerrada, y cometemos el error de no pensar objetivamente. Así como la política y equipos deportivos, las personas tienden a ser de mente cerrada y cometen el error crítico de revertir el método científico de probar teorías. Es decir, en lugar de utilizar los datos para llegar a una conclusión objetiva, los seres humanos tienen una tendencia de seleccionar la información y tergiversar los datos para llegar a la conclusión que hemos sido condicionados a creer, a querer creer o por interés personal.

Yo fui culpable de esto al inicio de mi carrera ya que repetía como loro lo que un jefe presentaba en una sesión de entrenamiento del viernes. No fue hasta que tuve un poco más de experiencia que me di cuenta de que mi jefe estaba repitiendo lo que decía su jefe, quién estaba compartiendo lo que el departamento de mercadeo promovía, quién utilizaba la información de una reunión de la industria y así sucesivamente. El punto es que hay mucho "pensamiento de grupo" que ocurre en la industria y te sorprendería el poco tiempo que los profesionales altamente educados y experimentados dedican a examinar conceptos fuera de su área de especialización, o cuán cerrados son para aprender nuevos conceptos. Por cierto, también te sorprendería saber cómo se equivocan los famosos gurús financieros de la televisión y la radio.

EXENCIONES PARA LA PRENSA

Sin lugar a duda, la industria de servicios financieros es una de las industrias más reguladas del mundo. Está sujeto a regulaciones de la Comisión de Bolsa y Valores de Estados Unidos (SEC, por sus siglas en inglés), la Autoridad Reguladora de la Industria Financiera (FINRA, por sus siglas en inglés), los comisionados de seguros, el Departamento de Trabajo y Recursos Humanos y los reguladores bancarios, para nombrar solo unos pocos. Sin embargo, puede sorprenderte que los miembros de la prensa son normalmente están exentos de la regulación financiera en sus reportajes.

Esta exención no solo los excluye de cualquier requisito educativo y de licencia, sino que les da vía libre de hacer cualquier reclamación independientemente de su exactitud o fundamento. A veces, los miembros de la prensa citan expertos de la industria sobre un tema financiero en particular, pero comúnmente los reporteros ofrecen consejos a las masas sobre asuntos financieros que han pasado solo un día o dos investigando en la internet. Interesante y psicológicamente, muchas personas prestan mucha credibilidad a alguien solo porque está en la radio o la televisión. Sin embargo, la realidad es que muchas veces estos reporteros no tienen ni la más mínima idea de lo que están hablando. No tienen ningún tipo de educación formal ni experiencia en la industria de finanzas. Solo repiten lo que encontraron en internet o de alguna otra fuente.

Para los profesionales de la industria, estos segmentos financieros son lamentables ya que reconocemos la información incorrecta rápidamente, pero como los reporteros están exentos de las regulaciones financieras, realmente pueden decir lo que quieran sin importar el impacto negativo que esto pueda tener. Aun en el caso de reporteros educados, hay un gran desafío en el sentido que proporcionan asesoramiento uniforme a todos los televidentes, independientemente de las necesidades individuales de cada persona. No existe una solución "única" cuando se trata de asesoramiento financiero.

No digo estas cosas para reprender o degradar el profesionalismo de los periodistas. De hecho, como defensor de la educación financiera, me gustaría ver más historias sobre finanzas personales. Simplemente estoy señalando que no puedes confiar únicamente en algo que escuchaste en la radio o que vistes en la televisión y debes considerar como esto aplica para tu propia situación personal.

LOS GURÚS

Mientras hablamos sobre la exención de la prensa, es importante dirigir nuestra atención a las opiniones de los supuestos gurús financieros de la televisión y la radio en contra de las pólizas de valor en efectivo. En la mayor parte, creo que la mayoría de estas personalidades realizan un gran servicio a gran parte del público en general. Aunque, desearía que se les requiera revelar cualquier conflicto de intereses que pudieran tener con las compañías y las ideas que promueven, no cuestiono la sinceridad de estos profesionales (con excepción de alguien muy conocido que publica un libro nuevo semanalmente). Incuestionablemente, las opiniones profesionales difieren en el tema en discusión. No obstante, diré que se equivocan cuando critican el seguro con valor en efectivo. Lo podrán decir alto y claro, pero eso no hace que la afirmación sea correcta. Específicamente, reconocerás algunos errores comunes que presentan en sus análisis ahora que comprendes algunos de los conceptos que discutimos.

En primer lugar, ellos no comparan herramientas equiparables. En un ejemplo, compararán el uso de fondos de inversión mutuos de inversión con una póliza de vida entera de tasa fija baja y no abordarán el tema sobre las consecuencias fiscales luego de la distribución (especialmente si no cuentas con los 59 años y medio de edad). Como hemos aprendido, el IUL no solo tiene una tasa de interés fija, sino que también tiene ahorros fiscales significativos.

En segundo lugar, ellos asumen que para el momento que culmines el plazo de una póliza, habrás acumulado bastante riqueza como para cubrir los gastos de tu familia en caso de tu fallecimiento y que tendrás suficiente dinero para jubilarte. Como sugieren las estadísticas citadas en este libro, esta suposición es una injuria, ya que muchas personas luchan financieramente en sus últimos años. El hecho es que la mayoría de las personas que compran un seguro de vida a término no ahorran e invierten la diferencia. En cambio, encuentran alfo más en que gastar la diferencia. La mayoría de las veces se encuentran en la necesidad de obtener un seguro de vida más tarde, pero ya no cualifican por razones de salud. O, descubren que el costo del seguro de vida es demasiado alto para su edad avanzada y está fuera de su alcance.

Además de la afirmación de que el seguro de vida ya no es necesario a medida que se acumula riqueza, no tienen en cuenta todos los beneficios adicionales que identificamos en un IUL, como la protección de acreedores y la protección de caídas en el mercado, por nombrar solo unos cuantos.

Por último y no menos importante, ellos no conocen tus necesidades ni circunstancias individuales. Ellos no saben que estas tratando de lograr. Ellos no conocen tu situación financiera actual. No conocen tu estado de salud. No saben quién es tu dependiente. No conocen tus fuentes de ingresos. No conocen tu presupuesto, etc., etc. ¡No existe una solución escrita para todos los gustos!

CRÍTICAS COMUNES

Cuando los opositores hablan sobre el seguro de vida con valor en efectivo, su crítica se basa en tres argumentos: la idea de que el seguro de vida con valor en efectivo es costoso, que puedes obtener una mayor tasa de rendimiento en un fondo mutuo de inversión y que solo necesitas un seguro de vida por un período de tiempo limitado. Por último, estos argumentos son utilizados para promover el concepto de "Comprar términos e inversión de la diferencia".

Debemos recordar que estos argumentos se desarrollaron sobre la base de pólizas de seguros de vida entera hace décadas atrás. Pero como aprendimos, el IUL no es una póliza vitalicia. Más bien, es una evolución de la póliza vitalicia que tiene beneficios y características jamás antes imaginadas cuando se realizaron estos argumentos. Aun así, los opositores tratan de vincular las mismas críticas hacia un IUL con poca validez.

EL SEGURO CON VALOR EN EFECTIVO ES COSTOSO

Para ser claros, las pólizas de un IUL pueden tener muchos costos. Muchas veces estos costos pueden afectar a los consumidores hasta el punto en que, comprensiblemente, se convierten en una molestia. Si bien, a veces los costos pueden parecer caros, a menudo se malinterpretan y/o exageran por las estrategias de mercadeo de los vendedores de los productos de la competencia. Veamos algunos costos frecuentes de un IUL y luego discutiremos el cómo y por qué se manipulan estos.

En primer lugar, debe entenderse que los costos asociados con las pólizas de IUL varían de una compañía a otra y que cada compañía puede tener varias versiones del IUL diseñadas para diferentes objetivos. Por ejemplo, una compañía puede tener un IUL diseñado para enfocarse en la acumulación de efectivo y otra versión puede estar diseñado con un mayor énfasis en los beneficios.

Definitivamente, los costos pueden hacer una diferencia en el funcionamiento de tu póliza a largo plazo, por eso es importante revisar los gastos listados en la proyección de tu póliza. A continuación, les muestro algunos costos frecuentes cobrados por las pólizas de IUL:

- ☞ Costo de la prima (Comisión de entrada) – Este es un cargo que se aplica como un porcentaje de la prima basado en las aportaciones efectuadas. Similar a un fondo mutuo de inversión, el cargo puede estar a un 5% del rango sobre las primas. A diferencia del fondo mutuo de inversiones, el cargo puede reducirse o eliminarse por completo después de varios años. Aquí es donde el IUL ofrece una gran ventaja. Es común que las compañías combinen otros cargos (se mencionarán a continuación) en los pagos efectuados, lo que puede hacer que el cargo parezca muy alto. Pero recuerda, sólo utilizan una clasificación diferente para el cargo y no es necesariamente inaceptable junto con los gastos totales en la póliza.

  Debe tenerse en cuenta que algunas pólizas pueden no tener cargos de la prima en lo absoluto. A menudo, estas pólizas forman parte de una amplia gama en la que se cobra una comisión por la cantidad de activos bajo gestión en lugar de una comisión.

- ☞ Tarifa mensual administrativa – Rango de $8 dólares por estado de cuenta, servicio, etc.

- ☞ Cargos mensuales por gastos – Basado en el porcentaje de los activos. Estos son muy bajos, en el entorno de 0.05% mensual.

- ☞ Costo del seguro – El cargo de tu seguro se basa en cada $1,000 dólares de tu cobertura de beneficios por causa de muerte. Este es un tipo de cargo estándar sin importar el tipo de seguro de vida que compres.

- ☞ Costo de cancelación – Los cargos de rescate ocurren si cancelas (entregas) tu póliza antes del período de rescate, el cual puede durar mucho tiempo, típicamente hasta 15 años. Estos cargos pueden ser brutales en los primeros años, pero disminuyen en términos porcentuales cada año. Debes tener en cuenta y entender que estos cargos no significan que no podrías retirar dinero de la póliza en los primeros años (sin pagar el costo de cancelación), sino que tienes que mantener la póliza activa (en vigor). La buena noticia de este cargo es que puedes decidir si pagases por él.

Estos costos no eran de mi agrado, pero a lo largo de los años mi mentalidad ha cambiado. No porque no crea que los costos son exorbitantes, sino porque creo que obliga a las personas a desarrollar buenos hábitos de ahorro y a largo plazo actúa para tu propio interés.

Recuerda, el IUL es una estrategia a largo plazo con gran flexibilidad en el pago de primas. Si no te sientes cómodo comprometiéndote con el monto de la prima, deberías hacer algunos ajustes al valor nominal (beneficio por causa de muerte) antes de adquirir la póliza. Si te encuentras en una posición en la que crees que necesitas cancelar tu póliza antes de tiempo, debes contactarte con tu agente y/o aseguradora para ver si hay alguna opción para mantener la póliza. En algunos casos, la aseguradora puede reducir tu valor nominal, lo que disminuiría el monto de las primas y evitaría los cargos por rescate.

Si eres mayor de edad y tienes beneficiarios adultos (por ejemplo, hijos adultos), puedes considerar la opción de cederle el pago de las primas en lugar de renunciar a la póliza para proteger tu herencia. Esto tema puede ser un poco incómodo para discutir en familia, pero podría ser una situación en donde todos salgan ganando y tampoco es una práctica poco común.

Pese a que las pólizas de un IUL tienen sus costos, a menudo, los críticos no hacen una comparación precisa, ya que comparan peras con manzanas. Dado que el objetivo de este libro es mantener las cosas simples, no entraré en detalles sobre todos los argumentos técnicos de los costos, pero mi sugerencia es que te fijes solo en los costos es la manera incorrecta de analizar tus decisiones financieras (o de tu vida). Para tomar buenas decisiones el verdadero factor en el que te debes enfocar es el VALOR que produce, no el gasto. Déjame explicarte.

Para determinar el "valor" debes también considerar la "producción" (rendimiento) que proviene de la "aportación" (costo). Por lo tanto, aunque es importante entender los costos, no se puede decir que algo es costoso sin considerar el valor que crea su producción. Piénsalo de esta manera; si te dijera que una Harley Davidson es muy costosa porque por solo $100 dólares me puedo comprar una bicicleta Huffy en Walmart, te reirías de mí porque estaría ignorando la aportación (automatización, comodidad, estilo, marca, velocidad, calidad) que me proporciona una

Harley para crear valor. Del mismo modo, no puedo decir que el IUL es costoso sin tener en cuenta el valor que aporta (por ejemplo, beneficios de vida, opciones de préstamo, protección del mercado, ahorros impositivos, liquidez). Por cierto, el valor no sólo tiene que ser en términos monetarios también puede incluir factores no monetarios como la salud personal o la tranquilidad emocional.

Cuando era joven trabajé para una compañía de fondos de inversión importante donde recibí una llamada de un accionista con relación a unas comisiones cobradas de un fondo de "mercado en desarrollo" en particular. Este fondo fue más costoso que el promedio (1.90% vs. 1.55%) principalmente debido al costo adicional de tener la habilidad de realizar comercios internacionales, pero la cuestión es que el fondo subió 94% durante el año. ¡Sí, 94%! Aunque apreciaba la preocupación del cliente sobre los gastos, lo que realmente estaba pensando era: "¡¿Estás bromeando?! A ver si entendí bien; casi duplicaste tu dinero en solo un año, y ¿te estás quejando por un cargo adicional del 0.35% por actividad comercial?" Al principio, si pensé que estaba bromeando conmigo. Le expliqué la razón del gasto principal (comisión por comercio internacional), pero aun así argumentó. Al final de todo, le ofrecí una simple solución. Le expliqué que podía reasignar su inversión a otro fondo con un cargo menor, lo que conllevaría un rendimiento menor de 18%. Claro que yo estaba fingiendo porque realmente esto no era una opción, pero sorprendentemente se le prendió el bombillo al cliente y se dio cuenta que valía la pena el cargo extra de 0.35% por el valor de la compensación que recibe de más del 94% en un año.

Sí, entiendo que el seguro con valor en efectivo puede tener cargos sustanciales, pero también puede proporcionar un valor increíble. Por ejemplo, digamos que alguien efectuó su pago de prima "costosa" para su primer mes de cobertura de $200 dólares y falleció, dejándole a su familia un beneficio por causa de muerte de $500,000 dólares. El rendimiento financiero sería de casi 250,000%. ¿Aun diríamos que la póliza es costosa?

Bien, puede que este ejemplo sea un caso extremo y también podría aplicarse a un seguro de vida a término. Pero reitero que el enfoque debe estar en el valor, no en el gasto. Fácilmente podríamos hacer argumentos similares para los beneficios de ahorro fiscal, las características de los préstamos, la protección de los acreedores y la protección de caída en el mercado. De hecho, la protección de caídas en el mercado es una de mis comparaciones favoritas, ya que es una característica única del IUL y, en mi opinión, vale la pena todos los gastos con el que consiste.

Digamos que escogiste tu propio fondo mutuo de inversión sin cargos, con una comisión de gestión baja del 1%. Debido a un mercado bajista, esos fondos perdieron un 30% en un año. ¿No podríamos concluir que el costo real de tener ese fondo fue realmente del 31%? Y, ¿no haría sentido que cualquier costo por una inversión alternativa inferior al 31% te proporcionara más valor? Repito, el enfoque debe estar en el valor, no en el gasto.

LOS FONDOS DE INVERSIÓN MUTUOS PROPORCIONAN UN RENDIMIENTO DE INVERSIÓN SUPERIOR

La crítica original de que los fondos de inversión mutuos podían ofrecer un rendimiento de inversión superior en comparación con las pólizas vitalicias a largo plazo ERA completamente cierta, cuando se utilizó por primera vez décadas atrás. Y, como aprendimos, debería ser cierto porque el seguro de vida entera es un tipo de póliza que no tiene exposición a la bolsa de valores, sino que proporciona una tasa de interés fija al igual que un CD de un banco. Esta afirmación es el máximo ejemplo de engaño porque no hace una comparación válida de inversiones similares.

Sin embargo, tú ya estás preparado para no caer en este truco porque gracias a los capítulos anteriores, sabes que el IUL no es una póliza de tasa fija, sino que ofrece rendimientos vinculados a la bolsa de valores. (Véase el Capítulo 6, *Ofensiva y defensiva*, para refrescar tu memoria.) Quizás lo más importante es que el IUL te protege contra el rendimiento negativo de la bolsa de valores, a diferencia de los fondos de inversión mutuos basados en el capital accionario.

Cuando comparas los fondos de inversión mutuos con el IUL, también debes tener en cuenta los cargos y las comisiones de los fondos de inversión mutuos y la tributación sobre las ganancias. Como puedes ver, el argumento del rendimiento superior de los fondos de inversión mutuos ya no es válido en el mundo actual.

EL SEGURO DE VIDA SÓLO SE NECESITA POR UN PERÍODO DE TIEMPO

Un argumento muy popular en contra del seguro con valor en efectivo (permanente) es que necesitas un seguro solo por un período de tiempo, típicamente para cubrir una gran responsabilidad. Por ejemplo, si utilizas una póliza por 30 años para cubrir tu obligación financiera de una hipoteca por la misma cantidad de años. El argumento secundario a esta idea es que antes de que culmine el término del seguro acumularías la riqueza suficiente como para poder auto asegurarte en caso del fallecimiento de uno de los proveedores de la familia.

El sugerir que el seguro de vida sólo se necesita por algún tiempo es asumir que al final del término te volverás rico de manera independiente y también es una falta de reconocimiento de todos los beneficios de un IUL, incluyendo los beneficios de vida, opciones de inversión, reservas para pérdidas por concepto de préstamos, evitación de trámites testamentarios, etc. Abordaremos este tema con más detalle cuando hablemos sobre los seguros de vida a "Término vs. Permanente", pero como pueden ver, la afirmación es falsa.

COMPRAR A TÉRMINO E INVERTIR LA DIFERENCIA

La estrategia de "comprar a término e invertir la diferencia" se ha utilizado durante años y ha sido un gran punto de disputa entre profesionales y personalidades de la televisión. Aunque este método se desarrolló a finales de la década de 1970 y para ese entonces hacía mucho sentido, los productos financieros han evolucionado en los últimos 40 años y la respuesta ya no es tan clara. El seguro de vida a término puede ser una herramienta valiosa (y a veces se utiliza para mejorar la estrategia de *La navaja multiusos financiera*), pero también te expone a una gran incertidumbre en el futuro, especialmente si no puedes acumular suficientes activos para la jubilación y/o no puedes calificar para una cobertura en tus años posteriores. Además, el IUL ofrece muchas otras características que pueden no estar disponibles en otros productos, tales como distribuciones libres de impuestos, préstamos favorables y garantías para evitar pérdidas de mercado.

La mayoría de las veces, los defensores de comprar a término e invertir la diferencia iniciarían con el argumento de que el seguro con valor en efectivo (permanente) es demasiado costoso. Luego juegan con las emociones de uno insinuando que la aseguradora de vida te está estafando con un seguro de vida con valor en efectivo implicando adicionalmente que las personas realmente sabias utilizan un seguro de vida a término e invierte la diferencia para obtener resultados superiores (lo que significa que eres un ingenuo si no compras a término e inviertes la diferencia). Estos argumentos son completamente engañosos e incorrectos.

La idea de que el valor en efectivo (del cual el IUL es un subconjunto) es costosa, en parte, un término desacertado. Si bien los defensores se apresuran a señalar la gran diferencia de la prima entre el valor a término y el valor en efectivo, no señalan que la prima de valor en efectivo incluye un componente de ahorro. Simplemente no comparan los recursos dentro la misma categoría y, por lo tanto, su afirmación es engañosa. Además, convenientemente no mencionan los gastos asociados con la inversión de la diferencia o consideran los costos totales a largo plazo. Por ejemplo, dado que los productos de valor en efectivo te cubren durante toda tu vida, muchos productos de valor en efectivo compensarán los costos del seguro en los últimos años con una prima relativa mayor en los años iniciales. Basado en esta práctica, el seguro con valor en efectivo puede ser menos costosa que el seguro de vida a término de acuerdo con el método equiparable utilizado durante toda la vida del asegurado. Por último, como hemos discutido en detalle, los gastos son importantes, pero el valor de una herramienta financiera es realmente el elemento más importante para considerar.

A un agente de seguros le resulta fácil utilizar de carnada tu carga emocional diciendo que "las aseguradoras te están estafando" con pólizas con valor en efectivo. A nadie le gusta que se aprovechen de uno o el ser estafado, especialmente por entidades que a menudo son demonizadas por nuestra sociedad (en mi opinión algo inmerecido, pero no es nuestro enfoque). Sin embargo, una lógica muy simple puede disipar este mito rápidamente. La mayoría de las aseguradoras ofrecen ambos productos de seguros de vida, a término y con valor en efectivo. Estos productos están diseñados para producir la misma tasa de rendimiento para las compañías. El sentido común dicta que una compañía no invertiría recursos en un producto menor (independientemente de la industria) si puede obtener rendimientos sustancialmente más altos de otro producto. Por lo tanto, si argumentas que las aseguradoras están estafando a las personas con pólizas con valor en efectivo, también debemos aplicar la misma lógica a las pólizas a término. Irónicamente, las pocas aseguradoras que promueven este reclamo son reconocidas por tener los productos a término más costosos de la industria.

La insinuación de que "las personas realmente sabias compran seguros a término" también es falsa. Revisemos las estadísticas sobre la posesión de los seguros de vida según el tipo de póliza descritas a continuación.

- Seguro de Vida Individual 2017 de EE. UU. (U.S. Individual Life Insurance 2017) – Cuota de mercado de productos por prima

    Plazo – 21%

Valor en efectivo – 79% (IUL, Seguro de vida universal [UL, por sus siglas en inglés], VUL, Seguro de vida entera [WL, por sus siglas en inglés])

Fuente: Informe de LIMRA: resumen de ventas al detal de seguros de vida individuales en EE. UU., cuarto trimestre de 2017

- A medida que las riquezas aumentan también lo hacen sus activos. Mientras que el 16.7% de los hogares menos pudientes son prósperos, el 40.5% de los hogares ricos lo son. (Reserva Federal)

Por lógica, para aceptar la idea de que "el seguro a término es utilizado por personas sabias", debes estar de acuerdo en que la mayoría de los estadounidenses son ignorantes, y que la inteligencia en realidad disminuye a medida que aumenta la riqueza. Para aquellos de ustedes que han tenido la experiencia de conducir alrededor de Tampa Bay, donde resido, estarán de acuerdo con esta afirmación, pero la realidad es que sería "insensato" aceptar tal proceso de pensamiento.

Para ser extremadamente claro, no estoy diciendo que el seguro de vida a término no es una herramienta buena o que uno no es inteligente si lo utiliza. Hay varios usos apropiados para el Seguro de vida a término y yo mismo soy titular de varios seguros de término (además de valor en efectivo). No obstante, para uno decir la declaración genérica de que un seguro de vida a término es aún mejor que un seguro con valor en efectivo es simplemente falso y/o engañoso.

Con la infinidad de factores y opiniones por considerar, tal vez te preguntes, "¿Qué tipo de seguro de vida debo utilizar?"

La buena noticia es que puedo darte una respuesta definitiva y garantizada sobre cual método sería el mejor para ti. Pero antes de hacerlo necesito que respondas cuatro preguntas con un 100% de seguridad.

1. ¿Cuándo morirás?
2. ¿Quién dependerá de ti financieramente cuando ese día ocurra?
3. ¿Cuánto dinero líquido tendrás en ese entonces?
4. ¿Cuánto dinero necesitarán tus dependientes para mantener el mismo estilo de vida indefinidamente?

Si respondes a estas cuatro preguntas con 100% de seguridad, entonces no serás elegible para comprar un seguro de vida porque significaría que tienes algún tipo de enfermedad terminal o representas un perfil de riesgo no asegurable.

Supongamos que no sabes las respuestas a estas preguntas, por lo que es evidente que un seguro de vida entera debería ser la consideración para la mayoría de las personas. Sin embargo, la mejor manera de ver que estrategia hace sentido de acuerdo con tus objetivos personales es el crear una proyección que compare ambas estrategias en términos numéricos. No puedo enfatizar lo suficiente, que hay que tener cuidado al equiparar herramientas.

MÉTODO EQUIPARABLE

Mark Twain popularizo la frase, "Hay tres clases de mentiras: la mentira, la maldita mentira y las estadísticas". Una alerta sorprendente: se pueden manipular los datos para apoyar un argumento. Desafortunadamente, esto sucede todo el tiempo en presentaciones financieras. Muchas veces esto se hace involuntariamente, pero muchas veces se hace para hacer que el producto y/o estrategia de alguien parezca más atractiva. Aunque hay muchos métodos en la industria para manipular los datos fuera del ámbito de este libro, debes asegurarte de revisar los intereses y las tasas impositivas. Por ejemplo, un producto puede estar comparando tu estrategia con una tasa de rendimiento (de inversión) con una tasa más baja sobre otro producto. De igual manera, es posible que vea comparaciones que no muestran el efecto de los impuestos en tus distribuciones.

Aunque los datos pueden manipularse y hay muchas variables por considerar, al final de todo, evaluar una estrategia es relativamente fácil. Solo mira los números. Un buen agente debe ser capaz de mostrarte comparaciones financieras detalladas de distintas estrategias. Solo asegúrate que estén comparando herramientas equiparables basándose en los puntos que aprendiste en este libro.

PSICOLOGÍA DE VENTAS

Quisiera compartir, junto con los argumentos técnicos discutidos, las técnicas de ventas más comunes utilizados por "promotores" para vender el seguro de vida a término. Cuando hablo de promotores, me refiero de aquellos agentes que solo venden los seguros de vida a término y atacan el concepto del seguro con valor en efectivo. Normalmente, estos agentes están asociados con compañías que ni siquiera ofrecen productos de valor en efectivo. El hecho es que la recomendación el seguro de vida a término es una historia fácil de vender, lo que conlleva a más ventas y comisiones para los agentes.

Francamente, ayudar a un cliente con los productos que NECESITA puede ser muy desafiante. No es fácil el convencer y animar a las personas que hagan las cosas que DEBEN hacer en lugar de cosas que

QUIEREN hacer. Si lo fuera, no habría tales cosas como cigarrillos, loterías o Twinkies y McDonald's vendería batidos de alga. Tomar el tiempo para enseñarles a los clientes sobre los beneficios de un IUL, persuadirlos de que sacrifiquen las cosas que desean para desarrollar un plan de ahorros a largo plazo, e incitarles a comenzar el proceso de aplicación puede ser extenuante. Es mucho más fácil hacer la cosa más simple y vender el seguro a término.

Piénsalo. ¿Preferirías dedicar parte de tu valioso tiempo en aprender todos los detalles de algo que encuentras aburrido y confiarle más dinero a un producto de IUL o preferirías escuchar a un agente decirte: "¡No dejes que esa aseguradora demoniaca te estafe! Todo lo que necesitas es una póliza a término barato y completar una solicitud tomará solo 10 minutos de tu tiempo".

Hasta yo escogería la segunda proposición si no supiera sobre el tema.

Otra línea popular utilizada por los promotores es: "'¡La única razón por la que otro agente te mostraría una póliza con valor en efectivo es porque ganan una gran comisión por ello!". Aunque es cierto que un agente gana más comisión de una póliza con valor en efectivo debido a varios factores (lo que realmente no debería ser un argumento para considerar si tú también recibes beneficio), la implicación es que el agente es un delincuente que te está vendiendo un producto sin valor, solo para su propio beneficio financiero.

Ya ves como jugar con las emociones del cliente, utilizar tácticas de intimidación y proporcionar una solución "fácil y barata" es mucho más simple que hacer que el cliente haga lo que el NECESITA hacer. El problema es que este enfoque negativo no es solo poco profesional y holgazán, sino que puede no ser lo mejor para ti de acuerdo con tus metas y objetivos individuales.

No obstante, desde el punto de vista del promotor esto es solo un juego de números. Él puede que gane menos dinero por venta, pero lo compensará en el volumen de "venta fácil" que realice y atrapando a su próxima víctima.

Un verdadero profesional revisará tus necesidades financieras, tomará su tiempo para educarte en todas las opciones disponibles (IUL y a término) y te recomendará la opción que mejor se ajuste a ti. Hablaremos más sobre esto en el Capítulo 12, *Aplicación de los principios financieros.*

EL MEJOR PRODUCTO FINANCIERO PARA TODOS... ¡CLARO QUE NO!

Ahora que comprendemos todas las grandiosas características del *La navaja multiusos financiera*, te estarás preguntando, "¿Por qué no querría todo el mundo tener este producto?" La respuesta es que no todos cumplen con los requisitos para el producto y tampoco es un producto adecuado para todos.

Mientras que *La navaja multiusos financiera* puede proporcionar un fundamento financiero sólido para las familias y tiene tremendos beneficios, no es una solución para todos. De hecho, cuando escuches a alguien decir que hay un producto o estrategia con "una solución única" para todos, deberías ser muy escéptico. Cada uno de nosotros tenemos nuestros propios objetivos y preferencias financieras. La única manera de determinar que un instrumento financiero es apropiado para tu situación individual es examinar tus propios objetivos financieros, el solicitar y crear una proyección en tu nombre y analizar si la estrategia es cumple con tus objetivos.

De igual forma, tu estado de salud es un determinante clave de como el Seguro de vida universal indexado satisfaría tus necesidades, si acaso lo hace. Mientras mejor sea tu estado de salud mejor funciona el producto, la única manera de completar el análisis es a través del proceso de la suscripción del seguro una vez hayas solicitado. Pero en la mayoría de los casos, una proyección personalizada puede ayudarte a determinar cómo puede beneficiarte el plan y hasta qué punto.

CAPÍTULO 11
EL CABALLO DE TROYA 401(K)

"Cuidado con el falso conocimiento; es más peligroso que la ignorancia".

— George Bernard Shaw

Se estima que 54 millones de estadounidenses han invertido $5.2 billones de dólares en activos en sus planes 401(k) (Investment Company Institute, 2017). Sí, billones con una "B". Estos planes junto con los planes fraternales (403 (b) y 457) para las organizaciones sin fines de lucro y empleados del gobierno, se han convertido en los planes de jubilación de facto para el público. A menudo, se citan por los medios de comunicación como un barómetro para presentar lo bien que se encuentran los estadounidenses financieramente, se considera un rito de paso hacia la adultez y normalmente se acepta como la mejor alternativa para ahorrar para la jubilación. De hecho, muchas compañías constan con inscripción automática en los planes de los cuales uno debe "optar el no ser parte de" si algún individuo no lo desea.

Estos planes se comercializan como una forma de ahorrar en los impuestos mientras reciben un bono "generoso" de las contribuciones que el patrono iguala. A pesar de que existen buenos beneficios derivados de estos planes, en realidad la mayoría de las personas nunca han analizado su efectividad en comparación con otros conceptos financieros y tampoco son conscientes de algunos atributos muy negativos de estos planes, hasta que son sorprendidos por ellos.

Para obtener un panorama completo del plan 401(k), es útil el comprender las motivaciones de los patronos y del gobierno para promover estos planes. Si crees que lo hacen para tu beneficio, eres bien ingenuo. La verdad es que la introducción de estos planes es la manera de que los patronos transfieran el riesgo y los gastos a los empleados y la oportunidad para que el gobierno recaude aún más impuestos. De hecho, podríamos argumentar que estos planes son un realmente un caballo de Troya disfrazado.

caballo de Troya: Persona o cosa que se introduce en una colectividad o en un proceso con la intención oculta de causar algún perjuicio. (Diccionario de la Real Academia Española)

Nota:

Para fines de la siguiente discusión, utilizaremos el término 401(k) con otros planes de jubilación de manera intercambiable, por ejemplo, 403(b).

Para comprender el caballo de Troya 401(k), primero necesitamos establecer un par de términos y repasar la breve historia breve de los planes de jubilación de los patronos. Durante la mayor parte del siglo XX, las compañías proporcionaban planes de jubilación a sus empleados, también conocido como planes de "beneficios definidos" porque le pagaban una definida cantidad de ingreso a un empleado después de jubilarse. Para ofrecer este beneficio, los patronos contribuirán al plan anualmente y serían responsables de administrar el plan para que el empleado reciba sus pagos de pensión al jubilarse. Note que el patrono era responsable de TODAS las contribuciones y TODO el riesgo de la inversión. La desventaja para el empleado era que tenía que permanecer en la compañía para recibir el beneficio, no podía tomar el balance del plan si llegase a dejar la compañía antes de jubilarse y no podía acceder a él antes de su jubilación. El gran riesgo que corría un empleado es que si la compañía cesaba sus operaciones podía perder su pensión (aunque el gobierno puso algunas medidas de seguridad para mitigarlo).

La década de los 80 trajo la mejor música de la historia y la proliferación de los planes 401(k). A diferencia de los planes de beneficios definidos, el 401(k) permitía a los empleados tener portabilidad con su plan de jubilación, acceso al dinero antes de la jubilación, mitigar el riesgo de perder su pensión debido a la compañía declararse en bancarrota y el crecimiento de su cuenta por ser capaces de dirigir sus propias inversiones. Como ya sabes, con la opción 401(k), el empleado debe hacer su propia contribución, de ahí el nombre "plan de beneficios definidos". Como puedes ver, para participar en el plan 401(k), el empleado asumió la gran parte de la responsabilidad de las contribuciones (en algunos casos, todas las contribuciones) y el riesgo de la inversión. La siguiente gráfica muestra como las compañías han dejado las pensiones a un lado y la introducción del 401(k).

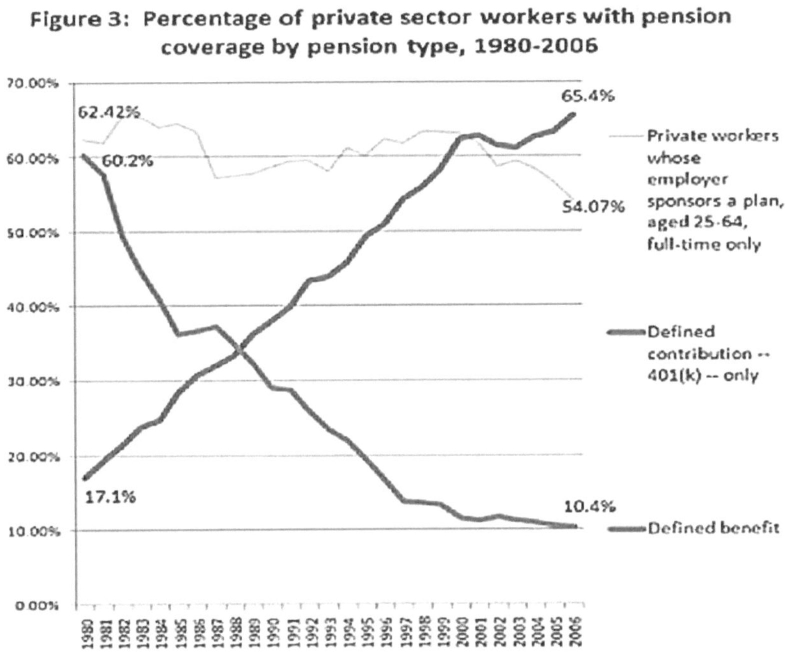

Source: Center for Retirement Research, 2009.

Tal vez no soy lo suficientemente idealista para creer que las compañías reemplazaron las pensiones con 401(k) únicamente para el beneficio de sus empleados y no para el suyo. Después de todo, no solo el 401(k) beneficia a los empleados financieramente, sino que también les proporcionan a los empleados la libertad de abandonar la compañía para tener mejores oportunidades y trasladar su pensión con ellos (sí, estoy hablando sarcásticamente).

De ninguna manera soy un crítico de la industria empresarial, y entiendo que las compañías están en el negocio para obtener beneficios y competir. Simple y sencillamente el eliminar las pensiones significa más beneficios para las compañías. Y una vez que los competidores de una compañía tienen una ventaja de beneficios al eliminar su plan de jubilación, las demás compañías deben considerar la misma opción para mantenerse en la competencia.

Pero solo porque es bueno para la compañía no significa que sea peor para ti. ¿o sí lo es? Soy un gran creyente de que la vida no es un juego de suma cero, que es posible el tener situaciones en la que todos ganan. Sin embargo, las estadísticas muestran que los estadounidenses están teniendo problemas en el juego de la jubilación. Como discutimos, simplemente no ahorran como deberían y no están equipados para manejar su propio "fondo de pensión". Además, debido a las regulaciones fiduciarias equivocadas, la mayoría de los asesores no proveen asesoramiento sobre el 401(k) pese a que la evidencia dicta que les va mucho mejor a los consumidores al recibir la ayuda necesaria.

Aparte del factor de disciplina personal, el 401(k) tiene otras deficiencias poco conocidas. Por ejemplo, ¿qué sucede con los ahorros fiscales que se perpetúan? Con un 401(k) tradicional, no tienes que pagar el impuesto sobre ingresos en tus contribuciones y las ganancias de tu cuenta se acumulan con impuestos deferidos hasta que realices un retiro. En ese momento, se le aplica la tasa impositiva sobre la renta actual, independientemente de si los ingresos proceden de tu contribución original o de los rendimientos de la inversión. Estos son los problemas ocultos con el 401(k).

Normalmente, las ganancias de capital de los rendimientos de la inversión están sujetos a impuestos a una tasa más baja que la tasa que pagas por tus impuestos sobre ingresos. Así que, en efecto, estas pagando una tasa impositiva mayor por diferir tus ganancias de capital. Y aunque tengas acceso a tu cuenta antes de jubilarte, si accedes a ella podrías pagar una penalidad adicional del 10% por encima de tus impuestos sobre ingresos actuales.

Piensa en una situación hipotética de ser despedido de tu empleo. La buena noticia es que puedes acceder a tus fondos para ayudarte a pagar las cosas mientras encuentras otro empleo. La mala noticia es que tienes que pagar los impuestos sobre ingresos (asumamos que es un 20%). Y una penalidad del 10% por el retiro anticipado de fondos en un momento de dificultad financiera para tu familia. Así es, en el momento de mayor necesidad le tienes que pagar un 30% al gobierno. ¿Quién pensaría que esto es un buen trato? Especialmente cuando se puede evitar por completo al tener ahorros en un UIL en el que puedes evitar los impuestos sobre ingresos y las sanciones por retiro (a través de un préstamo) legalmente. (Consulta el Capítulo 4: *La navaja multiusos financiera* para refrescar tu memoria en cuanto a los préstamos e impuestos de un IUL.)

Puedes estar pensando, "¡También puedo hacer un préstamo con un 401(k)!". En parte esto es cierto, pero aquí te va el giro inesperado (¡este te va a encantar!). En la mayoría de las circunstancias, aunque es verdad que puedes pedir un préstamo de tu 401(k), solo puedes tomar el préstamo mientras aún eres empleado de la compañía. Así es. Una vez dejes tu patrono, dile adiós a la opción de préstamo. Por lo tanto, si te despiden solo tienes la opción de un retiro sujeto a impuestos. No puedes evadir los impuestos o la penalidad al tomar un préstamo, aunque sea tu propio dinero. ¡Pero espera, se pone peor!

Si tienes un préstamo pendiente, algunos planes te obligan a pagar el préstamo en su totalidad al concluir con tu término de empleo. De lo contrario, tu préstamo pendiente contará como una distribución y recibirás una factura de impuestos junto con una penalidad por retiro anticipado de fondos si eres menor de 59 años y medio. Así que, en esta situación, puedes haber pedido prestado $30,000 dólares para un pago inicial de tu casa y a al culminar tu empleo, tienes que pagar el saldo pendiente en su totalidad dentro de un corto período de tiempo (digamos dos meses dependiendo del plan) o pagar impuestos sobre la distribución (hasta $9,000 dólares en impuestos basado en las suposiciones de esta situación).

Un último y breve comentario sobre la tributación tradicional del 401(k). Dependiendo de tu edad, es mejor pagar los impuestos de la contribución que el de la distribución, porque, con el tiempo, la mayor parte de la acumulación de tu cuenta proviene del interés compuesto. Esto lleva a que se paguen impuestos totales más altos si se paga al momento de la distribución. Como decimos comúnmente en la industria, prefieres pagar los impuestos de la semilla que el de la cosecha. Así que, si inviertes en un 401(k), será mejor que elijas un plan de retiro Roth 401(k), si está disponible para ti. Podrás imitar la misma opción de los impuestos como en un IUL utilizando los préstamos provistos por el plan de retiro Roth 401(K), así que en este aspecto el Roth 401(k) no tiene ningún tipo de ventaja sobre el IUL.

Entonces, ¿cuándo hace sentido obtener un plan 401(k)? La respuesta depende de las contribuciones que iguale tu patrono.

OPTAR POR CONTRIBUCIONES DE CONTRAPARTIDA

Ocasionalmente, escuchó a otros asesores (u otros libros) promover la idea que el 401(k) no debería utilizarse en lo absoluto y que una póliza con valor en efectivo es la mejor alternativa. De verdad que no me desagradan este tipo de declaraciones y tácticas de mercadeo. Para ser claros, esta no es la idea que estoy sugiriendo en lo absoluto.

En términos generales, le aconsejo a las personas que deben aprovechar las ventajas de un 401(k) cuando el patrono iguala las contribuciones del empleado. Después de todo y en cualquier situación, obtener un 100% de fondos igualados es difícil de superar. Sin embargo, la cantidad que contribuyas sobre el nivel de la contribución del patrono es debatible basado en tus objetivos individuales. Por ejemplo, si tu patrono iguala su contribución el 100% hasta un 3% de tu salario, lo más seguro tú tienes que contribuir el mismo nivel del 3% para que puedas recibir la contribución del patrono. Luego puedes considerar un IUL para cualquier contribución adicional que supere el 3%.

Lo más importante es que solo consideres utilizar un IUL como una alternativa a tu 401(k) si necesitas un seguro de vida. En primer lugar, recuerda que el propósito de las pólizas de un IUL es servir como un seguro de vida, no como un vehículo principal de inversión. Y un último consejo, si un representante financiero te aconseja hacer un retiro sujeto a impuestos de tu plan 401(k) y que lo deposites en una cuenta de seguro de vida con valor en efectivo, probablemente sea el momento de encontrar un nuevo asesor, a menos que ya estés jubilado y lo hagas para planificación de tu herencia.

FINANCIACIÓN EMPRESARIAL

Muchas personas tienen el sueño empresarial de comenzar su propio negocio. Normalmente, el mayor obstáculo de este sueño es la necesidad de capital. Como dicen, "Hay que tener dinero para hacer dinero". Nos guste o no, una forma común de financiar un nuevo negocio es a través de tu 401(k). Sin embargo, como sabemos, cuando liquidas los activos de un 401(k), la distribución está sujeto a pagar impuestos como ingresos ordinarios y a una penalidad por distribución anticipada del 10% si eres menor de 59 años y medio.

Además, el IRS no te permite invertir los activos de tu 401(k) en las acciones de tu compañía emergente como fuente de financiamiento (hay una técnica controversial para hacerlo, pero no es nuestro enfoque aquí). Piensa en esto por un segundo. Básicamente, puedes darle el control de tu dinero a un director ejecutivo de una compañía cotizado en la bolsa de valores, pero no puedes invertir tu dinero en tu propio negocio. (Y entonces nos preguntamos porque muchas empresas pequeñas sufren luchan tanto en este país.)

Basado en estas estipulaciones, el utilizar tu dinero que te has ganado con esfuerzo y por el cual te sacrificaste ahorrando a través de los años como capital para tu nueva compañía, te puede costar mucho en los impuestos (haciendo que tu costo de capital sea mayor que el de la mayoría de las tarjetas de crédito) u puede obligarte a buscar otra fuente de fondos. Y si estás pensando en un préstamo con respaldo hipotecario o un préstamo empresarial, necesitarás garantía y una fuente de ingresos, el cual no es común en la fase inicial.

Alternativamente, si has desarrollado tu valor en efectivo en tu IUL, tienes la habilidad de pedir dinero prestado de ti mismo (véase el

Capítulo 3 para repasar) sin pagar impuestos, sin pagar una penalidad por retiro anticipado y sin tener que calificar.

Además de los defectos de los planes 401(k) que hemos discutido en este capítulo, recuerda que también el IUL ofrece beneficios adicionales que el plan 401(k) no puede ofrecer, incluyendo protección garantizada de caídas en el mercado, sin límites predefinidos sobre las contribuciones y reservas para pérdidas por concepto de préstamos superiores.

Por supuesto, la decisión importante de utilizar un IUL en lugar de un plan 401(k) es una que debes de tener en consideración muchos factores técnicos y objetivos individuales. Recuerda, todas las personas son únicas y el propósito de este libro no es brindar asesoramiento individual, pero pienso que definitivamente hace sentido el discutir tus opciones con tus asesores profesionales.

CAPÍTULO 11.5
EL CAPÍTULO SECRETO – MERCADOS AVANZADOS Y ECONOMÍAS AVANZADAS

"Es una actitud de no solo pensar fuera del molde tradicional, sino que ni siquiera se ve un molde, romper paradigmas, pensar creativamente, fuera de la burbuja, pensar fuera de la norma, de lo usual, fuera del margen".

— Safra A. Catz

¡Te doy la bienvenida al capítulo secreto! Te estarás preguntando porque ocultaría este capítulo de la tabla de contenido. Este capítulo está dirigido específicamente hacia los propietarios de negocios y/o a aquellos con necesidad de planificación patrimonial más avanzada; por lo que, no es el enfoque de la mayoría de los lectores. Si este criterio no aplica a tu situación actual, siéntete libre de omitir este capítulo y continuar con el próximo. No obstante, si esta situación te aplica, podrías considerar algunas aplicaciones de negocios muy útiles para un IUL. No entrare en lujo de detalles sobre este tema, pero si quiero abordar más en algunos conceptos que tal vez merezcan una discusión más detallada con tus asesores financieros profesionales. Además, el escurrir este capítulo dentro de libro me da la oportunidad de probar si mis jóvenes adultos realmente leyeron el libro cuando se los entregue.

El término "mercados avanzados (conocido en inglés como Advanced Markets)" o "ventas anticipadas (conocido en inglés como Advanced Sales)" en la industria de seguros de vida se refiere al uso de seguro de vida en planificación de negocios y/o planificación patrimonial. Normalmente para propósitos de uso comercial, el seguro de vida se utiliza para asistir en la transferencia de una compañía tras la muerte de un fundador, para incentivar y retener empleados claves, o como un plan de jubilación alterno para los propietarios y empleados. Para fines de planificación patrimonial, se utiliza el seguro de vida para financiar fideicomisos con fines caritativos, mitigar asuntos fiscales, proteger activos o dejar un legado.

FINANCIACIÓN EMPRESARIAL

Como discutimos en el capítulo anterior, en el cual comparamos el plan 401(k) con el IUL, el IUL puede ser una buena fuente para financiar un negocio. Si has acumulado tu valor en efectivo de tu IUL, puedes pedir prestado de tus propios fondos (Diríjase al Capítulo 4 para refrescar tu memoria), sin pagar impuestos, sin pagar una penalidad por retiro anticipado y sin la necesidad de tener que calificar.

PLAN DE JUBILACIÓN PARA COMPAÑÍAS PEQUEÑAS

Los patronos utilizan el 401(k) como una forma de atraer y retener a los empleados. Como discutimos en el capítulo anterior, a los patronos les gusta este plan porque son menos costosas que los planes de pensión tradicionales. Sin embargo, esto no aplica para los patronos de compañías pequeñas. Debido a varias regulaciones, los gastos administrativos pueden ser costosos y se les requiere a los patronos el permitir que todos sus empleados tomen parte de ello (con algunas excepciones). Muchas veces, los patronos de compañías pequeñas no tienen la escala para hacer que estos planes sean viables. Para los patronos de compañías pequeñas, los seguros de vida con valor en efectivo se vuelven una gran opción para utilizar en lugar del 401(k).

Compensación diferida no calificada: Tu negocio utiliza un seguro de vida con valor en efectivo para financiar un acuerdo que provee beneficios específicos pagables en un evento futuro tal como la jubilación, fallecimiento o incapacidad de un empleado clave.

SEGURO DE VIDA PARA PERSONA CLAVE

Muchas compañías contratan a personas "claves" quienes causan un impacto significativo en el éxito de la compañía. Por ejemplo, un ejecutivo de ventas que es responsable significativamente por una parte de la distribución de ingresos o un director de operaciones (COO, por sus siglas en inglés) que mantiene el negocio funcionando sobre ruedas. Si un empleado clave llegase a ser aporreado, en sentido figurado, o si se marchará para una mejor oportunidad la compañía enfrentaría graves consecuencias financieras. El seguro de vida para persona una clave financiado por el IUL asegura la permanencia de un empleado clave mediante la creación de un fondo de bonificación a largo plazo para el empleado y/o el pago de un beneficio por causa de muerte a la compañía para ayudar a compensar cualquier problema financiero que pueda ser causado si el empleado muere antes de la jubilarse.

ACUERDO DE COMPRAVENTA – PLANIFICACIÓN DE SUCESIÓN

Cuando mueren los propietarios de compañías pequeñas esto pueden causar un caos entre sus familias y las partes interesadas en el negocio. Frecuentemente, los familiares no cumplen con los requisitos para encargarse del negocio mientras que los empleados capaces no tienen los fondos suficientes como para comprar el negocio.

Como consecuencia, el negocio termina vendiéndose por un valor inferior al valor óptimo o es obligado a cerrar sus puertas. Todo esto se puede evitar fácilmente al tener un acuerdo de compraventa y utilizar una póliza de IUL para facilitar la venta del negocio tras la muerte del propietario.

PLANIFICACIÓN PATRIMONIAL

Los mercados avanzados también incluyen la práctica de planificación patrimonial. El IUL es una herramienta popular para los fideicomisos, impuestos sobre el patrimonio, y donaciones caritativas.

Todos estos asuntos pueden volverse bastante complejos y normalmente requieren de asistencia legal y fiscal, además de tu asesor financiero. Sin embargo, la buena noticia es que cualquier compañía de seguro de vida respetable posee un equipo de mercadeo avanzado que te ayudará sin ningún costo. Típicamente estos equipos son compuestos por abogados de planificación patrimonial y profesionales financieros especializados en estos asuntos y trabajan con clientes con este tipo de situaciones diariamente. En estos casos tu asesor financiero debe ser tu “mariscal de campo” y coordinar contigo y para ti. Sería sensato el aprovechar estos servicios si uno de los conceptos discutidos se ajusta a tu escenario personal.

CAPÍTULO 12
APLICACIÓN DE LOS PRINCIPIOS FINANCIEROS

"Un buen plan violentamente ejecutado ahora, es mejor que un plan perfecto ejecutado la próxima semana".

— George S. Patton

Ya que entendemos quienes son los Mata Sueños y como el IUL los vence, necesitamos saber cómo unir toda esta información e implementar un plan para maximizar nuestra oportunidad.

Un breve repaso de los capítulos previos nos recordará que el objetivo de este libro es ayudarte a alcanzar tus sueños individuales. Por lo tanto, la primera acción que mis clientes llevan a cabo no tiene que ver nada con números. En su lugar definen sus sueños. Cómo nos enseñó Stephen Covey en la introducción de este libro, comienza con el fin en mente.

1. COMPLETAR UNA EVALUACIÓN DE VIDA: EN CONJUNTO CON LOS 6 PRINCIPIOS DE EQUILIBRIO Y OBJETIVOS SMART

Como discutimos en el primer Capítulo, si no conocemos nuestro destino es poco probable que lleguemos a él. Es sumamente importante que te tomes todo el tiempo necesario para pensar sobre lo que quieres en la vida. Realmente es una inversión para ti y tu familia. Te recomiendo que realices esta actividad junto con tu cónyuge. Lo ideal sería que te fueras a algún lugar tranquilo durante el fin de semana, dejar a los niños en la casa y apartarte del mundo. Haz una búsqueda espiritual y se lo más específico y detallado posible. Recuerda que puedes visitar nuestra página web y descargar una copia de nuestro planificador de sueños que incluye los 6 principios de equilibrio.

Otro método que recomiendo mientras desarrollas un plan para tus objetivos es ser inteligente (SMART, por sus siglas en inglés). SMART es un acrónimo para:

S – Específico (Specific) (Definir tus objetivos claramente.)

M – Medible (Measurable) (Cuantifica tanto como sea posible.)

A – Alcanzable (Attainable) (Asegúrate que la meta sea realista; por ejemplo, me encantaría ser el lanzador para los Mantarrayas de Tampa Bay, pero lo más probable esto no suceda a finales de mis 40 años.)

R – Relevante (Relevant) (El objetivo debe ser relevante para la misión de tu vida; por ejemplo, ¿valdría la pena la inversión de tiempo en aprender cómo hacer malabarismo mientras montas un monociclo para obtener una visión amplia?)

T – Tiempo (Time) (Debes establecer una fecha límite para alcanzar tu objetivo.)

Un ejemplo de un objetivo SMART:

En lugar de: Quiero pagar la universidad de mi hija.
Utilice: Voy a ahorrar $50,000 dólares para el 1° de agosto de 2030, para que mi hija Katie obtenga su bachillerato.

Te fijas que no solo estoy siendo especifico con mi declaración, sino que también cambie la redacción para reflejar una declaración afirmativa de "Lo haré" en lugar de "Lo quiero". Esto es muy poderoso ya que transforma tu mentalidad e incorpora responsabilidad. Cómo dijo Yoda, "Hacer" o "No hacer". No sirve intentar sino "Solo hacer". (Sí, traduje el idioma que el habla, pero captas la idea.)

No es por salirme por la tangente, pero no, no tienes que definir la universidad o la especialización, y sí, está bien poner un límite a lo que pagaras por la universidad. He visto a muchas personas meterse en muchos problemas financieros haciendo malas "inversiones universitarias". También puedo decirte, como profesor de la universidad, que he observado que aquellos que tienen que trabajar un poco más en la universidad (y luchar) tienden a ser mejores estudiantes y adultos más exitosos.

Por último, difiero un poco de la norma en que sugiero que las personas definan sus objetivos antes de hacer su presupuesto. La razón principal por esto es para que no minimices tu visión pensando en tus sueños. Por supuesto, debemos priorizar, pero aclaremos lo que queremos lograr en nuestras vidas antes de analizar y limitar nuestros sueños basándonos en las limitaciones presupuestarias.

2. PREPARAR UN PRESUPUESTO PERSONAL

Estoy dispuesto a predecir que te estremeciste cuando viste la palabra "presupuesto". Pero calma. Hoy en día es raro ver a un cliente que realice un presupuesto y mucho menos que lo siga. Pero con la tecnología actual, no tiene que ser una tarea difícil.

Hay varias compañías de tecnología (e instituciones financieras) que ofrecen agregación de cuentas y presupuestación. Estos servicios, específicamente, monitorearán todas las transacciones de todas tus cuentas de pagos (cuentas bancarias, tarjetas de crédito, etc.), los categorizan y luego te envían un informe automático de tus hábitos de gastos. También tienes la opción de escribirlas en lápiz y papel, pero te sugiero que utilices el poder de la tecnología. Aunque no promuevo ninguna compañía, te recomiendo que hagas una búsqueda en el internet e investigues tus opciones.

Tampoco requieres disminuir tu presupuesto hasta el último centavo. Por supuesto, mientras más detalles mejor, pero muchas personas se rinden antes de crear un presupuesto porque encuentran que el nivel del detalle toma más tiempo de lo que gastarán. Solo necesitas un buen estimado de en qué estas gastando tu dinero. Los resultados del proceso de presupuestación te pueden sorprender un poco, especialmente cuando ves cuánto pagas por transportación y la comida.

3. ENCONTRAR UN ASESOR/AGENTE CUALIFICADO

Soy un fiel creyente del uso de profesionales sea cual sea la tarea. Si alguna vez hiciste un proyecto en tu hogar, es muy probable que estés de acuerdo conmigo. Aunque no es la gran cosa cometer un error alicatando el piso, colocar tintes a los cristales de tus ventanas o crear tu propia página web, hay cosas que simplemente son muy importantes como para que lo "Hagas tú mismo" (DIY, por sus siglas en inglés). Yo no voy a operarme a mí mismo si necesito cirugía de rodilla, no voy a representarme legalmente en un asunto legal, no voy a cambiar los frenos de mi Lamborghini (o Toyota), y no voy a administrar mis propios asuntos financieros. Simplemente es demasiado importante y en mi opinión, nada sabio.

Los estudios no solo demuestran que aquellos que utilizan profesionales financieros son más exitosos conforme avanza el tiempo, sino que mis décadas de experiencia sugiere lo mismo. No puedo decirte cuantas veces he visto que las personas piensan que pueden desarrollar su propio sistema de comercio, leer algo de Internet, seguir la opinión de un familiar o escuchar un programa de radio y creer que ellos tienen más conocimientos que los profesionales que formalmente han estudiado materias de finanzas y que han trabajado en la industria durante décadas. Inevitable y desafortunadamente, algo va a explotar y no es nada agradable cuando sucede. (Como cuando mi esposa trató de cortarme el pelo en vez de mi estilista para ahorrar dinero como recién casados.)

Otra razón por el cual es necesario acudir a un profesional es porque te provee una perspectiva diferente y minimizan las emociones. Siempre es más fácil analizar objetivamente una situación cuando no estas involucrado. Recuerdo a un jefe en la industria que era el director ejecutivo de una aseguradora de vida de miles de millones de dólares. Me contó como su asesor financiero le sugirió que hiciera algo y yo estaba completamente confundido. Le pregunté por qué le pagaría a un asesor financiero para que administrará sus asuntos financieros, considerando que él era un director ejecutivo de una compañía financiera y tenía 40 años de experiencia. Me explicó que su asesor le liberó su tiempo para él poder enfocarse en dirigir la compañía, le proveía una perspectiva diferente y eliminó las emociones del tema. Esto me pareció muy sabio. Y esa es la diferencia entre, inteligente y sabio. Las personas inteligentes pueden realizar cosas por su cuenta, pero las personas sabias contratan a profesionales.

Creo que una de las razones por que las personas evitan trabajar con profesionales es porque no saben cómo encontrar uno bueno. A lo que me refiero con uno bueno es, alguien que es competente y confiable. Hay varias cosas que debes buscar en un agente competente de un IUL. En primer lugar, lo más seguro no lo vas a encontrar en los bancos o en las casas de corretaje tradicionales. Si realizas tus operaciones bancarias en una institución grande con un asesor financiero, lo más probable no está familiarizado con un IUL, y mucho menos expertos. Lo mismo es cierto para los asesores financieros que son principalmente gerentes de activos o corredores de bolsa. Tienes que entender que al igual que en el campo médico y legal, la industria de servicios financieros es altamente especializada. No irías a un dentista por una condición cardíaca, y similarmente, no irías a un agente de seguros de bienes y de accidentes y riesgos diversos para un seguro de vida. Lo creas o no, es una competencia completamente diferente. El tema es diferente y los requisitos de educación y de licencia son diferentes. El punto es que necesitas encontrar un agente de seguro de vida que trabaje predominantemente en el campo de los seguros de vida. Idealmente, tendrían también un enfoque en las pólizas del IUL.

A menudo, estas personas están afiliadas a compañía de distribución cuyos nombres no se encuentran en los estadios. En la industria de los seguros de vida, es más común que las compañías "subcontraten" su función de ventas a entidades llamadas organizaciones de mercadeo independientes que comercializan y venden los productos de la aseguradora de vida. Muchas veces, estas compañías se especializan en productos particulares como el IUL. Con eso en mente, entiende que el hecho de que no hayas visto un comercial en la televisión de la compañía de tu agente no significa que él o ella debe ser evitado. De hecho, se podría argumentar de que esas son exactamente las personas que querríamos encontrar. Sin embargo, es muy importante, que no importa el agente con quien trabajes, ellos tienen la capacidad de representar a varias aseguradoras de vida diferentes para poder utilizar el mejor producto para tus necesidades específicas.

Mientras que la competencia es evidentemente importante, yo disputo que es más importante trabajar con alguien con quien te sientas cómodo y consideres digno de confianza. De hecho, los estudios exponen que la razón número uno por la que los consumidores no compran seguros de vida es porque no confían en los agentes o en las aseguradoras de vida.

El 38% de los consumidores dicen que no compran seguros de vida porque no confían en las compañías y/o agentes de seguros de vida. (LIMRA 2016)

Tal vez estés pensando ahora: "No confío en los agentes porque siempre intentan venderme algo". Te aseguro que tienes la razón de dos maneras. Primero, SÍ intentan venderte algo. No debe haber ningún error o malentendido sobre este hecho. Así es como se ganan la vida y como pagan sus cuentas. No hay ninguna diferencia con cualquier otra profesión. La cuestión realmente no es si te están tratando de vender algo, sino más bien si necesitas lo que te están vendiendo y si es adecuado para tu situación. Esto nos lleva a la segunda manera en que tienes la razón. Si tu voz interior te está diciendo que el agente está tratando de venderte algo sin considerar tus necesidades y objetivos, entonces probablemente no deberías confiar en él. En esta situación hay un par de advertencias de las que debes percatarte.

La primera es bastante simple. Si hablan más de lo que te escuchan, enciende tu radar. Un buen agente te escuchará más de lo que habla por sí mismo para cerciorarse de que está comprendiendo tus objetivos y necesidades. El agente también debe completar un análisis de necesidad económica contigo, para recopilar tu información financiera básica. En este momento, no deben necesitar tu número de Seguro Social o de cuenta, sino más bien hacerse una idea de tus activos, ingresos, cobertura de seguro, tus familiares, etc.

Por último, te debe caer bien la persona. Si estas recibiendo una "alerta de patán" simplemente acompáñelo a la puerta. Tu futuro financiero y los sueños de tus familiares son demasiado importantes como para trabajar con alguien que no te parece.

Este factor de simpatía nos lleva al siguiente punto, los profesionales trabajan para TI, tu no trabajas para ellos. A menudo, las personas cometen el error de sentirse intimidadas por su médico, abogado o asesor financiero. Este no debería ser el caso. Recuerda: este es el sueño de tu familia y le estas pagando a los profesionales por sus servicios de la misma manera que lo haces con tu mecánico o jardinero. Haga preguntas y plantea tus inquietudes al tenerlas. Si el profesional no responde a tu satisfacción, despídelo y encuentra a otro que lo haga. Como dicen, no es nada personal, solo negocios.

Sin embargo, si tu asesor hace un gran trabajo y te cae bien, la mejor manera de demostrar tu aprecio es recomendarlo a otras personas que puedan necesitar ayuda (y la mayoría lo necesitan). Para cualquier asesor, el encontrar buenos clientes es, con mucho, la parte más difícil de su empleo.

Un último punto: Creo que tu nivel de comodidad con alguien puede ser más importante que el nivel de experiencia del individuo, siempre y cuando el agente tenga profesionales en su organización que tengan mucha experiencia. Por lo tanto, si estás trabajando con alguien que es nuevo en la industria o se especializa en otra área (por ejemplo, inversiones), está bien que esa persona actúe como mariscal de campo y te ayude en la conexión con un especialista que te asista con tus problemas.

4. CREAR UNA ESTRATEGIA FINANCIERA

Ahora que hemos definido nuestros sueños, elaborado nuestro presupuesto para identificar nuestra situación actual y hallado un asesor de confianza, es el momento de desarrollar nuestra estrategia financiera. La primera parte de este proceso será un "análisis de diferencias" que identificará lo que necesitas hacer para pasar de donde estas (tu situación actual identificada por tu presupuesto) a donde quieres ir (tus objetivos SMART). Tu asesor financiero debe tener un software que te ayude con el análisis, este servicio es normalmente suplementario dependiendo del alcance de tus necesidades.

Al completar este análisis, tendrás una idea clara de lo que necesitas hacer para lograr tus objetivos. Advertencia: nueve de cada diez veces puedo decirte exactamente cuáles serán los resultados sin conocerte ni conocer tu situación personalmente. Lo más probable el análisis indica que necesitarás ahorrar más dinero. Y a menudo, ¡será mucho más dinero! Suficiente como para lavarte las manos y ni siquiera intentarlo porque no ves cómo será posible. ¡Pero que no cunda el pánico!

Es normal que tus sueños excedan tus recursos. Como dicen, no tires la fruta sana con la podrida, y abandones todos tus sueños. Más bien, necesitarás pasar por un proceso iterativo en el que evalúes tres factores. Estos factores incluyen dar prioridad a tus sueños, evaluar tus gastos y considerar oportunidades de ingresos adicionales.

No quiero que renuncies a tus sueños sin importar lo grandes que sean, pero necesitas priorizarlos. Por ejemplo, pagar por la boda de tu hija puede ser más importante para ti que viajar a la Antártida. Este es un ejercicio difícil, pero hay que hacerlo. Debes enumerar tus objetivos en orden numérico, pero también debes entender que tus sueños no están grabadas a fuego. Te animo a que revises tus sueños anualmente y los actualices mientras se logren algunos objetivos o si cambian las circunstancias, según sea necesario. También encontrarás que a medida que pasas por diferentes etapas de tu vida, las prioridades cambian. Lo que valoras ahora puede que no te interese dentro de 15 años.

El siguiente paso es analizar tu presupuesto. Todos tenemos nuestras cosas en la que gastamos dinero que realmente no necesitamos o que son un desperdicio. Aquí es donde necesitas tomar decisiones como adulto y hacer algunos sacrificios por tus objetivos. No es necesario que elimines el gasto por completo, pero al menos reducirlo. Por ejemplo, en lugar de tu visita diaria a Starbucks, limítate a solo una o dos veces por semana.

Aunque la mayoría de las personas y los asesores se centran en reducir los gastos para aumentar los ahorros, a menudo no tienen en cuenta otra variable evidente. Tus ahorros no son sólo van en función de gastos, sino también en función de tus ingresos. Siempre tienes la oportunidad de obtener más ingresos en lugar de sólo recortar gastos. Puedes encontrar un empleo nuevo que pague más, conseguir un empleo de medio tiempo además de tu trabajo actual, o comenzar un negocio. En el mundo moderno de hoy, hay todo tipo de formas de complementar tus ingresos. Sí, sé que preferirías estar en la playa o jugar golf, pero la realidad es que participas en esas actividades a expensas de tus sueños.

Una buena idea es encontrar una fuente de ingresos de algo que te guste hacer. Por ejemplo, si eres fanático del béisbol, considera convertirte en un árbitro con paga o trabajar como acomodador en un estadio de béisbol. Si te gustan los conceptos financieros, considera en convertirte en un agente tú mismo.

Una vez que hayas desarrollado un equilibrio entre tus sueños, presupuesto e ingresos, es hora de tomar medidas. El primer paso es asegurarte de que tienes tu "taburete" establecido. El taburete representa los primeros tres elementos que uno debe tener en su plan. Incluye un seguro de vida, un testamento y un fondo de emergencia. El orden para implementar estas herramientas financieras dependerá de tu situación actual. Si eres una persona joven y soltero(a), un fondo de emergencia debe tener mayor prioridad sobre los demás y debe ser lo primero que establezcas. Sin embargo, si estas casado(a) y tienes una familia, entonces el seguro de vida debe ser lo primero en tu lista, ya que una muerte prematura podría devastar a tu familia. Debes tener en cuenta que si eres soltero(a) no deberías ignorar el seguro de vida. Debes tenerlo en cuenta si crees que tendrás una familia en el futuro, ya que es posible que no seas elegible en el futuro por razones de salud. Sin mencionar que mientras más joven eres mejor son las tarifas.

Así como trabajas con un profesional para tu asesoramiento financiero, también necesitarás trabajar con un abogado para tu testamento o fideicomiso. De igual modo, debes considerar una alternativa de servicios médicos, un testamento vital y un poder notarial. Estos temas están fuera del ámbito de este libro, por lo que no me extenderé en ellos, pero diré que sus necesidades variarán según el estado de residencia, y que hay algunos buenos recursos virtuales disponibles si tus necesidades son más simples y directas.

Si pensamos en nuestra base financiera, queda claro que el IUL puede servir como una herramienta tremenda. Obviamente, satisface la necesidad de un seguro de vida, pero también es el lugar perfecto para un fondo de emergencia si la póliza está estructurada adecuadamente. Piénsalo. Quieres asegurarte de que un fondo de emergencia sea seguro. No quieres perder dinero, pero preferirías ganar intereses en lugar de que se desperdicie en una cuenta de banco sin intereses o con intereses bajos. Quieres que sea accesible pero el no tener que pagar impuestos o una penalidad por ello si es necesario. Al utilizar un IUL para tu fondo de emergencia, puedes ganar intereses vinculados al mercado sin temor a que el mercado baje, retirar el dinero y monto que gustes, no pagar nada de impuestos, y no tener la penalidad por ser menor de 59 años.

Aunque de ninguna manera es un sustituto de un testamento, el beneficio por causa de muerte va directamente al beneficiario elegido, pasa por alto los trámites testamentarios, y una vez se hace un reclamo el pago es bastante rápido.

El IUL no es un producto que va a resolver todas tus necesidades financieras, pero como puedes ver, es una excelente herramienta que se puede utilizar como una sólida base financiera para muchos.

Determinar la cantidad de cobertura necesaria

Al considerar una cubierta de un seguro de vida, es muy importante asegurarte de tener la suficiente cobertura. Tu asesor podrá ayudarte con este cálculo basado en tus necesidades y objetivos, pero este cálculo es tanto un arte como una fórmula. Como resultado, no debe sorprenderte ver una gran variación en las cantidades de cobertura sugeridas de un agente a otro. Tampoco debe sorprenderte si descubres que la cantidad de cobertura que necesitas es considerablemente mayor a lo que imaginabas. A veces, los clientes se sorprenden al ver una recomendación de $1,000,000 dólares o más, pero si consideras todas las futuras necesidades financieras de tu familia, puedes calcular rápidamente que $1,000,000 dólares es mucho menos al sumar la matrícula universitaria, los pagos de la hipoteca, las obligaciones de la deuda, la jubilación y los gastos diarios de manutención.

Dicho esto, no quieres pagar más de lo que necesitas. Y, desafortunadamente, hay algunos agentes que intentarán usar un número exorbitante para obtener una mayor comisión. Por lo tanto, es importante que entiendas la base de los cálculos.

Existe una diversidad de métodos técnicos para hacer este cálculo, y habrá una gran varianza basada en el que se utilice. Entre otras variables, los cálculos se basan en tu situación financiera actual, tu edad, los años restantes antes de la jubilación y las futuras necesidades basado en tus objetivos de vida.

Una distinción para tener en cuenta es si los ingresos del beneficio por causa de muerte se utilizarán como un fondo de capital para generar un flujo de ingresos para pagar las necesidades o si los beneficios se amortizarán para satisfacer las necesidades. Sin tener la necesidad de invocar una Alerta Nerd, simplemente lo que queremos saber es si los beneficios por causa de muerte se agotarán por completo en un período de tiempo o si permanecerán constantes a perpetuidad para generar interés, donde sólo se distribuye el interés al beneficiario. Este último requerirá un beneficio por causa de muerte mucho mayor. Por ejemplo, si tuvieras un beneficio por causa de muerte de $500,000 dólares y lo distribuyeras al 8% durante 20 años, cubrirías un ingreso de $50,926 dólares. Sin embargo, si no cuentas con este método, el capital requerido para generar esos mismos $50,926 al 8% será de $636,575 dólares.

Cuando se trata de asuntos financieros, no soy un gran fanático de las "reglas generales", pero tengo que decir que la regla general para los seguros de vida es que típicamente necesitas alrededor de 10 veces la cantidad de beneficio por causa de muerte como tu ingreso. Así que si tu ingreso es de $60,000 dólares al año, tu cobertura debe estar dentro del rango de $600,000 dólares ($60,000 × 10). Una vez más, esta es una regla general. A los verdaderos asesores financieros no les agrada este método, pero con todas las suposiciones variables que se usan para calcular la cantidad de beneficio por causa de muerte, debes esperar que el número esté cerca del rango de nuestra regla general.

La buena noticia es que tu asesor financiero debe tener un software que realice estos cálculos por ti. Lo importante es que comprendas la parte conceptual del cálculo tal y como la describimos y te sientas cómodo con la cantidad que selecciones.

Beneficio por causa de muerte nivelado vs. creciente

Cuando selecciones el monto de beneficio por causa de muerte que desees con el IUL, tendrás la opción de elegir entre beneficio por causa de muerte nivelado o beneficio por causa de muerte creciente. Un beneficio por causa de muerte nivelado permanece constante durante la vigencia de la póliza. Por ejemplo, si eliges $500,000 dólares de cobertura, tendrás la misma cobertura de $500,000 dólares 30 años después. Esta opción presenta dos desafíos principales.

Primero, debido a la inflación, $500,000 dólares dentro de 30 años será mucho menos en términos reales después de este aumento y puede que no sea adecuado para satisfacer las necesidades de tus beneficiarios. El segundo desafío es que no obtienes el beneficio de tu cuenta con valor en efectivo. Recuerda: cuando falleces, tus beneficiarios sólo reciben el beneficio por causa de muerte, no el valor en efectivo. Por ejemplo, si tuvieras $200,000 dólares de valor en efectivo acumulado y un beneficio por causa de muerte de $500,000 dólares, tu beneficiario sólo recibiría el beneficio por causa de muerte de $500,000 dólares, no $700,000 dólares ($200,000 + $500,000).

Mientras que la aseguradora parece ser sospechosa con esta opción, no lo son. En realidad, el costo del seguro con esta opción es mucho menos porque la aseguradora no asume tanto riesgo. Además, el beneficio por causa de muerte nivelado puede ser una mejor opción que el beneficio por causa de muerte creciente si tu objetivo principal es acumular fondos en efectivo. Debido a que el costo del seguro de vida es mucho menor para el beneficio por causa de muerte nivelado, el valor en efectivo de tu póliza crece eficientemente.

La opción de beneficio por causa de muerte creciente hace que este beneficio crezca a medida que aumenta su valor en efectivo. Utilicemos nuestro ejemplo anterior de $200,000 dólares en valor en efectivo acumulado y un beneficio por causa de muerte de $500,000 dólares, si falleces tus beneficiarios recibirían los $700,000 dólares en su totalidad ($200,000 + $500,000).

Normalmente, encuentro que la opción de beneficio por causa de muerte creciente es la más beneficiosa para los clientes, pero todo depende de tus objetivos y circunstancias individuales.

IMPRESIONES SOBRE TITULARIDAD

Más de 1 de cada 4 estadounidenses dice que no tiene la protección de seguro de vida suficiente. Este número incrementa a un 40% cuando se observa que los consumidores ganan menos de $50,000 dólares al año. Además, alrededor de 4 de cada 10 personas (independientemente de su nivel, tramo de ingresos) desean que sus cónyuges o parejas adquieran un seguro de vida o más.

Incluir cláusula adicional para el cónyuge sin ingresos

Un error común cuando una familia hace su planificación financiera es omitir la opción de seguro de vida para un cónyuge sin ingresos. Muchas veces, las personas no se percatan de lo mucho que contribuye un cónyuge que se queda en la casa en términos monetarios. Según Salary.com, un padre que se queda en casa trabaja un promedio de 94.7 horas por semana por un salario anual equivalente de $112,962 dólares. También está el proceso de sanación emocional del proveedor sobreviviente de la familia, donde se puede ver afectado su funcionamiento durante un período de tiempo. A menudo, el cónyuge que produce ingresos se encuentra tan abrumado que se "ausenta de la vida" y no puede funcionar como de costumbre. Como resultado, a veces, pierden su negocio o empleo y se encuentran en circunstancias financieras extremas por el cual experimentan una angustia emocional aún mayor. Si tu familia tiene un cónyuge que se queda en casa, asegúrate de obtener un seguro de vida para ellos también. Debe tenerse en cuenta que, si el cónyuge que permanece en el hogar es más joven y/o es mujer, podría ser beneficioso el financiar su IUL con tu plan de ahorro primario, ya que, debido a las tasas de seguro más bajas, el rendimiento del valor en efectivo puede ser mejor que el de la póliza del cónyuge empleado. Solicita un análisis a tu asesor para ver si esto te beneficiaría en tu caso.

5. OBTENER Y LEER LAS PROYECCIONES

Una proyección es un documento proporcionado por la aseguradora de vida que define los términos, establece suposiciones y proporciona información legal sobre la póliza propuesta. Es un documento muy importante ya que "ilustra" cómo funciona tu póliza basándose en las suposiciones de mortalidad y financieros de la aseguradora. La compañía te proporcionará una proyección de tu póliza y su desempeño financiero pronosticado en formato tabular. Sin embargo, recuerda que se trata de una proyección hipotética de resultados basados en muchas suposiciones, pero que debería proporcionar noción de cómo funciona la póliza y cómo puede desempeñarse si se cumplen las suposiciones.

Tu agente debe darte una proyección de la póliza propuesta y revisarla contigo. De hecho, la compañía de seguro requiere que el agente te proporcione una proyección y firmar una copia del recibo. Si tu agente no te provee una proyección, este debería ser una señal de que no estás trabajando con un agente profesional.

Para la gran mayoría de las personas estas proyecciones son desagradables. No es raro que las proyecciones tengan 25 páginas o más, son muy técnicos y proporcionan mucha información confusa. Hasta he visto a muchos agentes luchar para explicar el contenido de ellos.

Aun así, es muy importante que leas la proyección y que le hagas todas las preguntas necesarias a tu agente. Si bien una proyección no es parte de tu póliza contractual se puede utilizar como un documento legal donde normalmente, se entrega con tu póliza, confirma tu comprensión de las características de la póliza y proporciona avisos de descargo de responsabilidad detallados.

Nota:

El libro no incluye una muestra de una proyección porque son propiedad intelectual de la compañía de seguro proveedora y no quería promocionar ninguna compañía en particular.

6. COMPRENDER LO QUE HACES

A algunos agentes les gusta mostrar lo inteligentes que son hablando de tal manera que te sientes intimidado en hacer preguntas. Pero no te intimides; si leíste este libro sabes más de lo que piensas. Un buen agente entiende que su trabajo es ayudar a educarte en temas financieros y a sentirte seguro de tus decisiones. Debido a la complicada naturaleza del producto, es posible que el agente tenga que dar seguimiento a varios interrogantes que tengas, pero asegúrate de que estés satisfecho con las respuestas.

Recuerda: estos profesionales trabajan para ti. Puede que no en un sentido técnico, pero la realidad es que tú tienes la capacidad de usar sus servicios o no. No es nada personal, solo negocios y hay que tratarlo como tal.

7. SELECCIONAR UNA COMPAÑÍA SÓLIDA CON UN SERVICIO EXCEPCIONAL

Las aseguradoras son calificadas en función de su solidez financiera, rendimiento operativo y capacidad para cumplir con sus obligaciones financieras para con los titulares de contratos (pólizas) por agencias de calificación independientes como Fitch, A.M. Best y S&P Global. Aunque estas agencias tienen diferentes sistemas de calificación, normalmente una compañía de seguro con al menos una calificación de A será considerada “Sólida” o “Superior”. Así que, para obtener un buen servicio, querrás una compañía altamente calificada ya que las garantías en tu contrato son tan buenas como las garantiza la compañía de seguro. Tu agente debe compartir contigo el folleto de la compañía de seguro que él o ella recomienda donde indica la clasificación de la compañía. Como puedes imaginar, si la compañía tiene una buena calificación su calificación será visible fácilmente y si tiene una calificación deficiente, es posible que tengas que indagar un poco más. Si aun tienes preguntas, deberías visitar el sitio web de la compañía de seguro y encontrar su calificación rápidamente.

Curiosamente, las tasas de primas más bajas no son necesariamente una indicación de una compañía sólida. Incluso pueden ser una señal de una mala calificación. Cuando una compañía de seguro tiene bajas calificaciones, tiene que bajar las primas y/o aumentar la comisión del agente para retener su participación en el mercado.

Al elegir una aseguradora, también es importante que tus prioridades coincidan con las de la compañía. Por ejemplo, una compañía puede ser mejor para la acumulación de efectivo mientras que otra puede tener mejores beneficios de vida.

Recuerda: es importante entender que *La navaja multiusos financiera* no es sólo un término para reemplazar el nombre de Seguro de Vida Universal Indexado, sino que también incorpora ciertas opciones y técnicas basadas en los objetivos de cada individuo. Con esto en mente, no todas las compañías ofrecen todas las características destacadas y puede que no haya un solo producto que las ofrezca todas. Por eso es importante que compartas tus objetivos individuales con tu agente y, por consiguiente, trabajes con profesionales que puedan aconsejarte.

No puedo enfatizar la importancia del servicio de una aseguradora. La dura realidad es que probablemente tratarás con la compañía de seguro directamente más que con tu agente durante la vigencia de la póliza. Y, francamente, no hay nada malo con esto, siempre y cuando la compañía tenga un buen servicio.

Tu NO quieres hacer negocios con una compañía que hará pasar por 30 minutos de mensajes automatizados, tener un centro de llamadas con personas apáticas, desconocidas o que no pueden encontrar tu póliza en su sistema porque se encuentra en algún sistema operativo en disco (DOS, por sus siglas en inglés) arcaico de hace 30 años (y sí, esto sucede).

También debes cerciorarte de que tengan un sitio web sólido con acceso encriptado en el que puedas acceder a la información de tu póliza si así lo deseas. Sin embargo, el sitio web, no debe reemplazar al centro de servicio al cliente donde obtienes a un representante.

Entonces, ¿cómo sabemos si una compañía tiene un buen servicio antes de remitir una solicitud? Simple. Simplemente llama a su centro de servicio al cliente y ves qué sucede. Si lo deseas, siéntete libre de hacerles una pregunta sobre algún tema de una póliza, y así tendrás una idea de cómo manejan las cosas.

8. REMITIR UNA SOLICITUD

Hoy en día enviar una solicitud de seguro de vida es muy sencillo. Muchas de las compañías ahora tienen aplicaciones electrónicas donde el agente completará tu información en línea y te la enviará por correo electrónico para así obtener tu firma electrónica. Desafortunadamente, algunas compañías todavía requieren de solicitudes impresas. Estos pueden ser un poco más complicado, pero lo más importante a recordar es de prestar atención a todas las firmas que se requieren. Cuando no firmas algún espacio, la compañía envía el papeleo de vuelta al agente para que te localice, firmar lo que haya faltado y volver a enviarlo. En resumen, causa grandes retrasos. Si es posible, opta por aplicaciones electrónicas, ya que el software ha incorporado sistemas de revisión automáticas para garantizar que la aplicación se complete correctamente.

9. INSCRIPCIÓN DE BENEFICIARIOS/TESTAMENTO

Asegúrate de completar la información del beneficiario en tu solicitud de póliza e incluya el número de Seguro Social y la información de contacto del beneficiario. Según USA Today, hay hasta $7.4 mil millones de dólares en beneficios de seguro de vida sin reclamar. Comúnmente, las aseguradoras de vida son denigradas por la prensa por este hecho, pero ellas no tienen conocimiento si una persona falleció a menos que sea reportado ni tampoco pueden rastrear a los beneficiarios sin información de contacto.

Si ya realizaste la planificación patrimonial formal, querrás consultar con tu asesor legal sobre cómo inscribir a tus beneficiarios, especialmente si se trata de un fideicomiso o si hay disposiciones específicas en tu testamento.

10. SUSCRIPCIÓN

Una vez que hayas remitido tu solicitud a la aseguradora pasará por el proceso de suscripción. La "suscripción" es la práctica de analizar el riesgo asociado con una pérdida (tu vida), determinar si la compañía quiere aceptar dicho riesgo (asegurarla), y calcular el costo monetario que la compañía cobrará por aceptar el riesgo (la prima).

Para ello, los agentes del seguro revisarán tus datos financieros, médicos y otros datos relevantes. Basado en esta información, la compañía puede emitirle o no una póliza o puede proporcionarle una oferta diferente al que el agente te cotizó originalmente. Recuerda: la cotización que recibes del agente es sólo una estimación basada en generalizaciones de tu edad, sexo y consumo de tabaco. Si la aseguradora decide que eres un riesgo más alto que lo que el agente cotizó, te pueden "calificar", lo que significa que te ofrecerán un seguro, pero por un costo más alto. También hay veces que pueden ofrecerte un mejor precio porque eres un mejor riesgo que lo estimado.

Al principio, el ser "calificado" podría ser decepcionante y la reacción instintiva es rechazar la oferta. Sin embargo, esto podría no ser lo mejor opción para ti. Antes de tomar cualquier decisión, primero debes discutir el motivo con tu agente. Basado en las circunstancias, es posible que el agente pueda proporcionar detalles adicionales a la compañía para ajustar tu prima. Incluso si ellos no hacen un cambio al momento de la emisión de tu póliza, hay algunas condiciones que pueden ser monitoreadas y reexaminadas en el futuro (digamos en un año).

Recuerda, la aseguradora realmente quiere tu negocio. No es un reflejo personal de ti, sino más bien una decisión de negocios basada en tus pautas de suscripción. También es importante entender que, si eres calificado por una compañía, es probable que también seas calificado por cualquiera de sus competidores.

Otra opción puede ser ajustar la cantidad de beneficio por causa de muerte de tu póliza para acomodarlo mejor a tu presupuesto o agregar alguna cobertura a término. Esto sólo se debe considerar si los beneficios por causa de muerte ajustados son suficientes para satisfacer tus necesidades asegurables. Como se mencionó numerosas veces a lo largo del libro, el uso más importante del seguro de vida es el seguro de vida como tal, así que cerciórate de tener la cobertura adecuada.

¡Cuidado fumadores!

Si eres fumador, no voy a sermonearte que debes dejar de fumar. Encuentro que la mayoría están perfectamente conscientes de los impactos negativos que conlleva y en un mundo perfecto elegirían detenerse. Desde la perspectiva de un seguro de vida, es posible que puedas obtener cobertura, pero te costará de tres a cuatro veces el monto de un no fumador. Sé lo que vas a decir, "Tan pronto deje de fumar tendré seguro". En realidad, esto no sucede. Tuve esta situación con un cliente y claro, un par de años después falleció sin él dejando a su familia en una situación financiera muy desfavorable.

Mi consejo para ti es que obtengas el seguro como forma de protección para tu familia y que tu proveedor de seguro de vida lo reevalúe después que dejes de fumar. En muchos casos, las aseguradoras volverán a suscribir tu póliza después de un año sin fumar y ajustarán tu tarifa, si aplica. Esta estrategia también te da un incentivo monetario y la motivación para dejar de fumar.

11. PREPARARSE PARA EL EXAMEN MÉDICO

Parte del proceso de suscripción es hacerse un examen médico (paramed). Dependiendo del nivel de cobertura que estés buscando y de tu edad, las aseguradoras requerirán una muestra de sangre y/u orina. El proceso es conveniente ya que la compañía de seguro enviará a un examinador al lugar de tu elección y tomará tus muestras. La aseguradora cubre los gastos de este examen, por lo que no tienes que preocuparte por el costo. Incluso te entregarán una copia gratuita de tu prueba si la solicitas.

Recuerda, cuando tu asesor te cotiza un precio, es sólo una estimación y está sujeto a cambios basados en la suscripción de tu póliza. Claramente queremos obtener el precio más bajo posible ya que el costo del seguro también afectará el crecimiento del valor en efectivo de tu póliza. Con esto en mente, aquí hay algunos consejos para ayudarte a obtener un resultado óptimo en el examen.

- ☞ Sólo beber agua en el día del examen. Evitar tomar café y alcohol.
- ☞ Ayuno de 12 horas
- ☞ No ejercitarse en el día del examen.
- ☞ La muestra de orina provista no debe ser el primero del día.
- ☞ Si no fuma, manténgase alejado de los productos de tabaco 24 horas antes. Evitar los cigarros ocasionales.
- ☞ Responder a todas las preguntas con honestidad, sin ofrecer información adicional no requerida. El hecho de tener algún tipo de problema médico no significa que la compañía no suscribirá su póliza (asegurarte). Lo más probable conocerán su estado de salud a través de otras fuentes, incluyendo la Oficina de Información Médica (MIB, por sus siglas en inglés). En mi experiencia, las compañías trabajarán a tu favor tanto como puedan, pero si sienten que fuiste deshonesto con ellos, simplemente te negarán la cobertura y evitarán el riesgo. Debe tenerse en cuenta que si te sales con la tuya al ser deshonesto, existe la posibilidad de que ésta pueda impugnar una reclamación de indemnización por fallecimiento basada en el fraude.

En algunos casos, las compañías tienen un proceso de suscripción automatizado en el que no requieren un examen médico. Tu agente debe ser capaz de proporcionarte más información sobre estas situaciones.

12. CERCIORARSE DE RECIBIR DE LA PÓLIZA

Después de que hayas sido aprobado para tu póliza, asegúrate de recibir la copia impresa de la póliza, guárdala en un lugar seguro, y notifícales a tus beneficiarios sobre tu póliza y dónde está ubicada. Mientras que algunas compañías intentan implementar él envió electrónico, la copia impresa sigue siendo la norma. La entrega de la póliza es responsabilidad de tu agente. Normalmente, la aseguradora envía la póliza directamente a tu agente, y él o ella te entregará tu póliza y firmarás un recibo de entrega. Sin este recibo, la aseguradora puede cancelar tu póliza.

En el momento de entregar la póliza, tu agente también debe revisar las características de ella junto a ti y asegurarse de que sea la cobertura correcta según tu solicitud. Tu póliza es un contrato legal y vinculante que no sólo se necesita como referencia, sino que también, si es necesario, facilitará el proceso de pago de reclamaciones.

También debe tenerse en cuenta que la mayoría de los estados requieren un período de "inspección" para las pólizas de seguro de vida entregadas, en donde tienes la oportunidad de revisar el lenguaje jurídico y los materiales complementarios de la póliza. Si, por cualquier razón durante el período de inspección, decides que no deseas la póliza y quieres un reembolso, puedes cancelarla y recuperar tu dinero.

13. MONITOREAR Y AJUSTAR SEGÚN SEA NECESARIO

Una vez obtengas tu póliza, querrás revisarla regularmente para asegurarte de que continúa satisfaciendo tus necesidades. Lo ideal es que tu agente te contacte anualmente y te ayude con esta tarea. Si tienes nuevos acontecimientos en tu vida como el nacimiento de un hijo, matrimonio, divorcio o un nuevo hogar, definitivamente querrás revisar tu póliza y hacer los cambios que sean necesarios.

14. SUPLEMENTAR EL IUL CON RECURSOS FINANCIEROS

Como hemos discutido, hay Mata Sueños significativos que el IUL no combate. Mientras que varios de los problemas que enfrentamos son riesgos personales (C4) y sólo pueden ser mitigados por tu propio desarrollo personal, varios de estos riesgos pueden ser manejados a través de otras herramientas financieras.

En primer lugar, debes tener un seguro médico. Sé que este tema es desagradable, complicado y costoso, pero el riesgo de no tenerlo puede arruinarte a ti y a tu familia. Un estudio de la Universidad de Harvard mostró que el 62% de las bancarrotas personales se debían a gastos médicos. He tenido múltiples miembros de mi familia que necesitan cirugías que cuestan más de $250,000 dólares. Incluso los eventos que nunca te imaginarías pueden ser devastadores. Como, por ejemplo, un niño de mi comunidad en Florida fue mordido por una serpiente venenosa, y el costo del suero anti veneno fue de $198,000 dólares. Mientras que la característica de los beneficios de vida del IUL puede proporcionar asistencia significativa en algunos casos de enfermedades críticas y crónicas, hay otros problemas médicos que sólo pueden ser manejados por el seguro médico. Debería ser evidente que los desafíos médicos pueden ser Mata Sueños sin un seguro médico.

Dirígete al Capítulo 9 *Jaque mate*, a la sección de los Cuadrantes sobre los riesgos ocasionados por los Mata Sueños, para recursos adicionales y la revisión de ellos con tus asesores financieros y legales. Cabe destacar que el riesgo de incapacidad debe tener un gran enfoque, ya que, sorprendentemente, es mucho más probable que suceda una incapacidad que una muerte prematura.

CAPÍTULO 13
¡EL GRAN SECRETO!

"La inacción genera duda y miedo. La acción genera confianza y coraje. Si quieres conquistar el miedo, no te sientes en casa y pienses sobre él. Sal y ocúpate".

— Dale Carnegie

El objetivo de este libro era ayudarte a mejorar tu calidad de vida y aumentar tus posibilidades de alcanzar tus sueños individuales exitosamente, explicándote conceptos financieros imprescindibles en términos simples y presentándote un excelente producto que te ayuda a manejar tus necesidades financieras. Espero haberlo logrado, pero para tener éxito en las finanzas personales (y en la vida en general) hay un secreto.

A menudo escuchas a los vendedores promover la idea de aquellos productos que cambian las vidas de todos drásticamente. ¡Productos que son tan grandiosos que te convertirás en él/la más inteligente, más atractivo(a), más saludable, más rico(a), más guapo(a) y vivir el sueño! Se nos dice que estos productos están compuestos por los más recientes descubrimientos científicos o han sido grandes secretos conocidos sólo por los exitosos.

Ciertamente, la tecnología y las ciencias modernas han mejorado nuestras vidas dramáticamente, aun así, la mayoría de las personas todavía no logran alcanzar sus sueños y ningún "producto" puede resolver ese objetivo. Pero este problema TIENE solución.

En mis décadas de experiencia en el área de planificación financiera, he conocido y estudiado a tantas personas y he encontrado un punto en común entre aquellos que prosperan y aquellos que simplemente sobreviven. Los que viven de cheque en cheque y los que generan una gran riqueza. Nota: no confundamos el ingreso con la riqueza. He visto a personas que ganan $200,000 dólares al año que luchan por comprar sus alimentos y a aquellos que han pasado toda su vida sin ganar más de $60,000 dólares que se retiran como millonarios.

¡Aquí está el secreto! Aquellos que tienen éxito en las finanzas personales tienen dos rasgos característicos en común: **toman decisiones sabias y toman cartas en el asunto.**

TOMAR DECISIONES SABIAS

Me tomó algún tiempo aprender esto, pero finalmente me percate que simplemente no puedo brindarles ayuda a algunos clientes y desafortunadamente no puedo invertir mi tiempo en intentar asistirlos. No porque no tengan la necesidad o porque yo no tenga las herramientas necesarias, simplemente es su negativismo al tomar decisiones. No quiero que me malinterpretes; estas son las personas que más quisiera ayudar y las que más lo necesitan. Pero, uno no puede querer algo para alguien si ellos no lo desean para sí mismos.

En muchas ocasiones, me he sentado con personas que tenían desafíos financieros que eran muy fáciles de identificar y resolver, pero no hacen lo que deben hacer porque, francamente, son inmaduros. El juego de dinero te exige tomar decisiones difíciles, sacrificios y disciplina para poder ganar. Sí, esto puede ser difícil, pero estos rasgos son los que diferencian a un adulto de un niño.

Un adulto debe ser capaz de reconocer que necesita ahorrar dinero para el futuro y proteger a su familia con un seguro de vida antes de que él o ella gaste sus fondos en vacaciones elaboradas, autos nuevos, café gourmet o joyería inasequible. Y necesitan ser lo suficientemente maduros como para no preocuparse por el estatus social o por el que dirán.

Uno de mis libros favoritos es *The Millionaire Next Door*. En el libro los autores comparten los datos reunidos de un estudio formal y amplio sobre millonarios que rompen con la imagen estereotipada promovida por Hollywood y el cual la gran mayoría de las personas creen. Concluyen que el típico millonario vive una vida relativamente humilde. Generalmente no conducen Lamborghinis ni viven en unas mega mansiones. En cambio, compran automóviles normales (muchas veces usados) y ganan 2.5 veces más ingresos que sus vecinos (de ahí el nombre del libro).

Por mi experiencia como asesor financiero he descubierto que esto es cierto. No puedo decirles cuantas casas majestuosas he visitado con "inquilinos" que ganan toneladas de dinero pero que viven de cheque en cheque. O cuántos "profesionales" veo que conducen un Mercedes pero que están endeudados por cientos de miles de dólares.

Por otro lado, tengo clientes que tienen ingresos promedios pero que se han convertido en millonarios. Y contrario a lo que se supone, han sido capaces de "viajar por el mundo", vivir vidas más plenas que la gran mayoría e infaliblemente, son más felices que los millonarios falsos porque no son esclavos de deudas ni de un cheque.

La única verdad consistente e innegable que diferencia a estos grupos de personas es que un grupo toma decisiones sabias mientras que los demás no. Me atrevo a apostar que tú tienes el interés suficiente como para estar financieramente seguro ya que te tomaste el tiempo para leer este libro. Lo que significa que eres el tipo de persona que toma decisiones sabias. Pero si este no es el caso, es hora de comenzar. De lo contrario, las posibilidades de que cumplas tus sueños exitosamente son casi nulas.

TOMAR CARTAS EN EL ASUNTO

A menudo escucho a las personas decir que no pueden darse el lujo de ahorrar. Aunque entiendo perfectamente que la vida puede ser un desafío en sí y que ahorrar es más fácil decirlo que hacerlo, mi experiencia es que para la mayoría de las personas ahorrar no es una cuestión de "asequibilidad", sino más bien de prioridad.

Cuando las personas dicen que no pueden ahorrar, es como el comentario que escuchas cuando alguien dice que no tiene tiempo para hacer algo. La realidad es que la tarea no es una prioridad para ellos. Evaluemos esta idea.

Quiero que imagines una actividad que es extremadamente importante para ti. Asumamos que es una actividad dentro de un edificio. Ahora, visualízate participando en esta actividad. ¿Lo tienes? ¡Bien! Ahora visualicemos que oyes una gran explosión. Un circuito eléctrico explotó y creó un gran incendio ocasionando que el edificio se encuentre en llamas. Apuesto lo que quieras, que, sin importar lo que estés haciendo, te detienes y prestas atención a lo que está ocurriendo porque este evento se convirtió en una mayor prioridad que lo que estabas haciendo en ese momento.

Verás, no hay tal cosa como "no hay tiempo suficiente". Sólo hay un orden de prioridades. Lo mismo ocurre con los ahorros. Es cuestión de prioridad. Tienes que determinar si la televisión por cable, salir a comer o tomar tu café gourmet diariamente es una prioridad. Es fácil racionalizar lo mucho que "necesitas" esas cosas, pero para ahorrar exitosamente se requiere de tomar decisiones sabias. No puedes darte el lujo de NO ahorrar. Este es y debe ser una prioridad.

Uno de los problemas que veo consistentemente como asesor financiero es que las personas piensan que tienen todo el tiempo del mundo para ahorrar, pero por el momento NO PUEDEN hacerlo porque TIENEN que pagar por el auto o los niños, etc. El problema es que siempre hay una excusa, y en un abrir y cerrar de ojos, ya han pasado 30 años y sólo les quedan 10 años para ahorrar para su jubilación. Desafortunadamente, las matemáticas no funcionan de esa manera; así que en ese momento no pueden ahorrar lo suficiente para alcanzar sus objetivos y se ven obligados a vivir con menos o a continuar trabajando por más tiempo.

De igual manera, tienen la mentalidad de que si no ahorran "este año" solo pierden la cantidad que iban a ahorrar. El desafío con esto es que no puedes fijarte en la cantidad que ahorrarías hoy, sino que debes considerar en lo que se convertiría esa cantidad en 30 años cuando necesites retirar el dinero. Einstein declaró que la cosa más poderosa del universo es el interés compuesto. ¡Veamos un ejemplo de ese poder!

¡ALERTA NERD! ... PERO LEELO DE TODOS MODOS. ¡¡VALE LA PENA!!

Supongamos que tenemos a unos hermanos gemelos, el Hermano "A" y el Hermano "B". El Hermano A comienza a ahorrar $2,400 dólares al año, pero sólo ahorra por 10 años. Sin embargo, el Hermano B, aplaza el ahorrar su dinero por 10 años, pero luego ahorra $2,400 dólares al año durante los próximos 20 años. No te haré hacer los cálculos, pero supongamos que ambos reciben la misma tasa de interés del 8%, ¿Cuál de los dos hermanos supondrías que estaría mejor en 30 años?

Year	Brother A		Brother B	
1	2,400	2,592		
2	2,400	5,391		
3	2,400	8,415		
4	2,400	11,680		
5	2,400	15,206		
6	2,400	19,015		
7	2,400	23,128		
8	2,400	27,570		
9	2,400	32,368		
10	2,400	37,549		
11		40,553	2,400	2,592
12		43,797	2,400	5,391
13		47,301	2,400	8,415
14		51,085	2,400	11,680
15		55,172	2,400	15,206
16		59,586	2,400	19,015
17		64,353	2,400	23,128
18		69,501	2,400	27,570
19		75,061	2,400	32,368
20		81,066	2,400	37,549
21		87,551	2,400	43,145
22		94,555	2,400	49,189
23		102,120	2,400	55,716
24		110,289	2,400	62,765
25		119,112	2,400	70,378
26		128,641	2,400	78,601
27		138,933	2,400	87,481
28		150,047	2,400	97,071
29		162,051	2,400	107,429
30		**175,015**	2,400	**118,615**
Total	24,000		48,000	

La respuesta es: ¡Hermano A! A pesar de que el Hermano A solo contribuyó $24,000 dólares y 20 años menos que el Hermano B, el Hermano A acumula mucho más ($175,000 dólares más) que el Hermano B ($118,615 dólares) debido a los intereses compuestos.

De este mismo ejemplo podemos calcular en lo que se convertirá un monto de $2,400 dólares en 30 años y determinar que, al aplazar tus ahorros por sólo un año, no solo se está perdiendo $2,400 dólares, sino $24,150 dólares debido al interés compuesto. Así es: ¡$24,150 dólares! Por lo tanto, cada taza de café de $3 dólares en Starbucks te está costando realmente $30 dólares en el futuro.

La razón oculta es que es imperativo tomar cartas en el asunto y no dejarlo para más tarde. Es una idea muy simple. Cuanto más pronto empieces a implementar un plan, más éxito tendrás.

CONTAR CON UN BUEN PLAN ES ADMIRABLE

Otro gran desafío que veo en las personas que luchan por implementar un plan financiero es que sufren de "parálisis por análisis". Se vuelven tan abrumados con el universo de información financiera, opiniones y opciones que se demoran en tomar decisiones por temor a no tener un plan perfecto o a tomar una decisión incorrecta. Eventualmente, se desvían por las circunstancias de la vida y a un abrir y cerrar de ojos, han pasado años y todavía no han hecho ningún progreso.

El asunto es que no hay un plan perfecto y cometerás errores. Simplemente no tenemos idea que nos depara el futuro y cómo afectará nuestro plan, sin importar cuánto planeemos o qué estrategias utilicemos. Un plan no debe ser inamovible y en ocasiones, requerirá pivotes basadas en las circunstancias.

Como perfeccionista en recuperación, una de mis frases favoritas es: "Un buen plan violentamente ejecutado ahora, es mejor que un plan perfecto ejecutado la próxima semana". He encontrado en el mundo de negocios que aquellos que son más exitosos, saltan a las profundidades de la alberca y comienzan a nadar. Esto no minimiza la necesidad de planificar, sino es el aceptar la necesidad de actuar. ¡En algún dado momento tendrás que actuar! Tienes que decidir qué te vas a comprometer y ajustar según sea necesario.

Independientemente de la estrategia que elijas; ¡Manos a la obra! Si realmente quieres ser exitoso no puedes darte el lujo de esperar sentado.

¡NUNCA RENUNCIES A TUS SUEÑOS!

¡Los sueños son importantes! Nos inspiran a realizar cosas grandiosas. Nos dan la esperanza en los momentos oscuros de la desesperación. Nos motivan a seguir adelante cuando creemos que ya no podemos hacerlo. Y nos unen como seres humanos. Cualesquiera que sean tus sueños, te animo a que seas deliberado con ellos y te reto a que sean sueños de gran escala. Que sean monumentales, más de los jamás pensaste y no dejes que el mundo te desaliente. Si tienes personas en tu vida que no apoyan tus sueños, ¡busca nuevas! Cada uno de nosotros es capaz de lograr nuestros sueños, pero eso requiere de sacrificios y de mucho trabajo. Se necesita una determinación desmesurada para no detenerte sin importar la dificultad.

Mi esperanza es que, si no aprendiste nada de este libro, al menos te inspires a realizar tus sueños y percatarte que solo tu eres responsable por ellos. Como he dicho desde el principio, *La navaja multiusos financiera* no es para todos. Sin embargo, uno de los principales objetivos al escribir este libro era para al menos esclarecer la comprensión de las personas sobre esta herramienta y cómo esta les puede ayudar con sus objetivos y sueños.

Después de todo, ¿qué clase de vida tendríamos si no tuviéramos sueños?

EL DESAFÍO

Ahora que comprendes el poder de *La navaja multiusos financiera*, quisiera reflexionar sobre mi declaración en la introducción del libro. Puede que recuerdes el pasaje:

> "La navaja multiusos financiera no es adecuado para todos... pero declaro inequívocamente, que es una de las herramientas financieras más poderosas que jamás se haya diseñado para ayudar a las familias a construir un fundamento financiero sólido. Si no me crees, al final del libro tendrás una oportunidad para desafiar mi declaración".

Así que, para probar esta declaración, te desafío a que vayas a tu banco local o a tu casa de corretaje tradicional y tengas esta conversación:

"Me gustaría que me mostraran un instrumento financiero que proporciona una cobertura contra la inflación, tenga un 100% de garantía de no perder mi dinero, crecimiento y distribuciones libres de impuestos, la opción de tomar un préstamo sin intereses, la evasión de tramites testamentarios, protección de los acreedores, una garantía de reemplazo de mis ingresos para mi familia en caso de mi fallecimiento, ayuda para protegerme financieramente contra enfermedades crónicas, críticas y terminales y, por supuesto, la opción de retirar mi dinero en cualquier momento y por cualquier razón, a cualquier edad, sin ninguna penalidad impositiva. Ah, y por cierto... Sólo tengo $200 dólares para invertir al mes".

Lo más probable es que ni siquiera te dirijan la palabra si no tienes un monto sustancial de fondos. Algunas casas de corretaje son conocidas por enviarte a un centro de llamadas a menos que tengas un mínimo de $250,000 dólares para invertir.

Pero si eres lo suficientemente valiente como para aceptar este desafío, me encantaría escuchar sobre las reacciones que recibas, así que por favor envíanoslas a:

info@thefinancialpocketknife.com

PREGUNTAS FRECUENTES

1. Si el Seguro de Vida Universal Indexado (IUL) es tan grandioso, ¿por qué no he oído hablar de ella antes?

Es sorprendente cómo la gran mayoría de los estadounidenses no han escuchado sobre el Seguro de Vida Universal Indexado. Creemos que hay varias razones por este fenómeno. En primer lugar, el modelo tradicional de distribución de seguros de vida incentiva a los agentes a enfocarse solo en el mercado rico y muy a menudo ignora el vasto mercado de la clase media. En segundo lugar, debido a sus muchas características, el IUL puede ser un producto difícil de comprender y de educar a los clientes. Por consiguiente, muchos agentes no han sido expuestos al IUL y sólo se centran en productos simples (como el Seguro de vida a término) que son más fáciles de explicar. Por último y generalmente, la mayoría de las personas encuentran los asuntos financieros estresantes y aburridos. No quieren tomarse el tiempo para aprender sobre los "seguros de vida" y a menudo evitan el tema por completo. Nuestro objetivo es ayudar a superar todos estos desafíos a través de la comunicación masiva, la simplicidad y la conveniencia.

2. ¿Cuánto debo pagar mensualmente?

La cantidad que pagarás mensualmente depende de muchos factores incluyendo tu edad, salud, género, objetivos de ahorro y necesidades de cobertura. Una gran característica del IUL es que, dentro de un cierto rango, puedes seleccionar el monto que te gustaría contribuir y tus pagos pueden variar según tus circunstancias individuales.

3. ¿Puedo comprar un IUL en línea?

Con pocas excepciones (si las hay), no. La mayoría de las aseguradoras requieren que trabajes de cerca con un agente calificado para enviar una solicitud. Considerando todas las opciones que puedes tener, creemos que la mejor opción para el consumidor es informarse con un agente calificado sin cambiar la estructura de los costos.

4. ¿Qué aseguradoras ofrecen el Seguro de vida universal indexado?

Hoy en día, muchas aseguradoras de vida ofrecen el IUL. Sin embargo, no todos tienen las mismas características, opciones y diseños. A diferencia de los seguros a término, que se han convertido en "productos estándar", el IUL varía mucho de una compañía a otra. Además, es extremadamente importante que al elegir una compañía selecciones una altamente calificada, ya que las garantías de su póliza están respaldadas por la compañía, no por el gobierno.

5. ¿Puedo perder dinero con el Seguro de vida universal indexado?

Sí. Mientras que el dinero que contribuyes a tus cuentas de ahorros no tiene rendimientos negativos como garantizan las aseguradoras, hay costos y cargos que pueden incluirse en tus resultados, incluyendo el costo del seguro. Además, si dejas que tu póliza caduque o la cancelas antes del período de rescate, podrías estar sujeto a cargos de cancelación y/o tener consecuencias fiscales negativas. Lee en detalle tu proyección y contrato y busca asesoramiento fiscal o legal de ser necesario.

6. ¿Cómo puedo obtener dinero de este producto?

Para esta respuesta, consideraré que financiaste tu póliza apropiadamente y que tienes valor en efectivo disponible. Puedes tener acceso a tus fondos de dos maneras: a través de un retiro o préstamo. Es muy importante que leas y entiendas los detalles de estos métodos basados en tu póliza individual y en la compañía de seguro emisora, ya que algunos restringen el acceso al efectivo, especialmente en los primeros años de una póliza. Además, debes tener en cuenta que los retiros pueden tener consecuencias fiscales.

7. ¿Puedo transferir dinero de otras cuentas a este producto?

Todo depende del tipo de cuenta de donde provenga el dinero. Siempre puedes hacer contribuciones de suma global a tu cuenta desde cuentas sin extensiones tributarias como, por ejemplo, tu cuenta de ahorros de tu banco de preferencia. También puedes transferir fondos de otras cuentas de seguro de vida y de algunas anualidades. Lo que no podrás transferir son los fondos de las cuentas de jubilación tradicionales como el plan 401(k), 403(b) o una Cuenta de Jubilación Individual (IRA). Consulta con tu agente y/o asesor fiscal para obtener más información.

8. ¿Qué ocurre si ya tengo un seguro de vida?

Si ya tienes un seguro de vida, todavía puedes considerar un IUL. Debes verificar cómo se compara tu seguro de vida actual con una póliza de IUL. En algunos casos, es posible que puedas convertir o transferir una póliza actual a una nueva. Es muy importante que entiendas que cancelar tu póliza actual puede no ser la mejor opción para ti, ya que puede haber cargos y otras consecuencias negativas. En ninguna circunstancia debes permitir que tu póliza caduque antes de que se emita una nueva póliza. Consulta con tu agente para un análisis detallado y más información sobre tus opciones.

9. ¿Debería dejar de contribuir al plan 401(k) provisto por mi empleo y utilizar el IUL en su lugar?

En general, las circunstancias individuales varían, pero no recomendamos que dejes de contribuir a tu plan 401(k), siempre y cuando recibas contribuciones de contrapartida de tu patrono. Podemos argumentar que la tributación del Seguro de Vida Universal Indexado es más ventajosa que la de un plan 401(k) y otros planes de jubilación tradicionales, si estás recibiendo una contribución de contrapartida a tu plan Y esperas adquirir el derecho de propiedad, entonces típicamente es mejor contribuir a tu plan y recibir la contribución de contrapartida de la compañía. Sin embargo, cualquier cantidad aportada por encima del monto correspondiente puede ser considerada como distribución a una IUL en función de tus objetivos. Sólo en raras ocasiones creemos que los activos de un plan 401(k) deben ser liquidados y colocados en un IUL, debido a las consecuencias fiscales. Debes buscar orientación de un asesor fiscal sobre estas decisiones.

10. ¿El propósito de este libro no es sólo para comprar un seguro de vida?

¡Sí y no! No quiero parecer un político, pero la respuesta depende a como se deduce la pregunta. Si estás preguntando si el libro fue escrito únicamente como una herramienta para que los asesores financieros te vendan una póliza de seguro de vida, la respuesta es "no". Como se evidencia a lo largo del libro, he sido muy transparente acerca de los atributos negativos (por ejemplo, liquidez, gastos) de la IUL y he declarado repetidamente que no es un producto apropiado para todos.

El propósito de este libro es educar al público sobre el Seguro de Vida Universal Indexado y demostrar cómo puede beneficiar a individuos y familias en el logro de sus objetivos. Depende de ti y de tus asesores determinar si este producto es apropiado para ti de acuerdo con tus objetivos y situación individual.

Si lo que estás preguntando es si este libro fue escrito para promover el beneficio de los seguros de vida como una herramienta financiera, la respuesta es un rotundo "¡Sí!" Como muestran los estudios, el público tiene una gran necesidad de un seguro de vida y poseerlo puede ser un evento que literalmente cambie tu vida, no sólo para tus descendientes directos sino también para sus descendientes. Para algunos esto puede sonar un poco "cursi", pero personalmente, cuando eres testigo de lo que experimenta una familia cuando el proveedor principal fallece sin contar con un seguro de vida, rápidamente te conviertes en un fiel creyente.

APÉNDICE – PLANIFICADOR DE SUEÑOS

FINANCIAL POCKETKNIFE

Los 6 principios del equilibrio

www.thefinancialpocketknife.com

	✓	ABC	123	OBJETIVOS	Fecha prevista	$	S	M	A	R	T
Fe											
Familia											
Amistades											
Finanzas											
Aptitud física											
Diversión											

S=Específico, M=Medible, A=Alcanzable, R=Relevante, T=Tiempo

Made in United States
Troutdale, OR
10/28/2023

14101591R00096